Juliane Marie Schreiber
Ich möchte lieber nicht

W0055819

JULIANE MARIE SCHREIBER

ICH MÖCHTE LIEBER NICHT

EINE REBELLION GEGEN DEN TERROR DES POSITIVEN

PIPER

Mehr über unsere Autorinnen, Autoren und Bücher:
www.piper.de

ISBN 978-3-492-06284-8
6. Auflage 2022
© Piper Verlag GmbH, München 2022
Illustration: Hauck & Bauer
Satz: Uhl + Massopust, Aalen
Gesetzt aus der Minion Pro
Litho: Lorenz & Zeller, Inning am Ammersee
Druck und Bindung: CPI books GmbH
Printed in the EU

Inhalt

Erster Teil

Ein Mann steht vor dem Rest seiner eingetrockneten Zimmerpflanze. Er schimpft. Hätte sie eben mal positiv gedacht! Die Pflanze schweigt. Einfach eingeschrumpelt ist sie. Selbst schuld, was steht sie hier auch so blasiert herum, hätte sich ja auch mal anstrengen können. Die Zimmerpflanze hat sich vor ihrem Ableben durchaus zahlreiche Vorwürfe gemacht, aber es half nichts, sie starb trotzdem.

In dieser Karikatur zeigt sich ein ganz grundlegendes Ärgernis unserer Zeit, nämlich der Irrsinn des positiven Denkens. Man könnte auch sagen: der Terror des Positiven. Positives Denken gilt als Allheilmittel für das Leid der Welt. Überall heißt es: »Sei glücklich!« oder: »Du kannst alles schaffen, wenn du nur wirklich an dich glaubst!«. Und es gibt kein Entkommen. Ich bin mir sicher: Immer, wenn jemand zu einem völlig unpassenden Zeitpunkt darauf hingewiesen wird, er solle doch nur »nicht so negativ sein«, es werde schon »alles gut«, stirbt irgendwo auf der Welt ein Gewächs ab.

Der gesellschaftliche Druck, unter allen Umständen positiv zu sein, ist so hoch wie noch nie. Glück ist zum Fetisch geworden. Unternehmen, Denkfabriken, Coaches, Nachbarn und vor allem die Werbung terrorisieren uns damit, positiv zu sein. Und mehr noch, sie stigmatisieren diejenigen, die es nicht sind.

Dieser Glücksterror hat Rückenwind von einer neuen Psychologieströmung bekommen, der Positiven Psychologie, die sich seit ihrer Entstehung Ende der Neunzigerjahre in der westlichen Welt ausgebreitet und – wenig überraschend – eine umsatzstarke Industrie im Rücken hat. Ihrer Grundidee nach gelingt ein glückliches Leben vor allem dann, wenn man negative Gedanken und Emotionen konsequent vermeidet und sich auf das Positive fokussiert, selbst, wenn das »vielleicht auf Kosten« des »Realismus« geht.[1] Das Glück hänge stark von individuellen psychischen Faktoren ab, sagen Positive Psychologen. Also: Wählen Sie das Glück! Es reicht nicht mehr, bloß durchschnittlich gelaunt zu sein. Sie müssen vor Glück geradezu triefen. Traurigkeit oder Zweifel zu zeigen gilt als Schwäche, und erst recht muss man aus jedem noch so existenziell einschneidenden Rückschlag etwas lernen. Denn, oh ja, Sie haben immer die Wahl, alles ist eine Frage der Sichtweise, Sie müssen sich nur zu Ihrem Glück entscheiden!

Wie, Sie wachen morgens nicht unter Freudentränen auf? Was ist denn mit Ihnen los! Sie sind krank? Tja, hätten Sie eben mehr Detox und Stretching gemacht! Sie sind schwer krank? Das kommt von Ihrer negativen Einstellung! Sie haben Ihren Job verloren? Waren Sie wohl nicht optimistisch genug, was? Na ja,

sehen Sie es positiv, jetzt können Sie endlich Ihre Fotoalben ein-
kleben, auch schön.

Egal, was Ihnen passiert, der Ball liegt immer in Ihrem Feld.
Es liegt an Ihnen, wie Sie sich fühlen. Auch Scheitern ist eine
Chance! Das hat man während der Corona-Pandemie ganz eindrücklich gesehen: Wer den Lockdown nicht sinnvoll genutzt hat,
um Portugiesisch zu lernen und das Gesamtwerk von Dostojew-
ski zu lesen, war einfach selbst schuld und hatte eben nicht das
»Mindset« eines echten Gewinners, sorry!

Wenn ich so etwas höre, denke ich jedes Mal: Ich möchte lieber
nicht.

Die einzige sinnvolle Antwort auf einen Zeitgeist, der dem Terror
des Positiven unterworfen ist, lautet Verweigerung. In einer Welt,
in der man aus jedem Problem und jeder Krankheit etwas lernen
muss, in der die exzessive Nabelschau alle in den Wahnsinn treibt,
kann es nur eine richtige Haltung geben: die Haltung des Nein.

Nein, wir können nicht alles sein, wenn wir nur fest genug
daran glauben. Und nein, nicht jeder ist seines Glückes Schmied.
Es gibt viele Ungerechtigkeiten und Tragödien, für die der Einzelne nicht verantwortlich ist. Nur wer das erkennt, kann überhaupt die gesellschaftlichen Verhältnisse ändern.

Wenn wir aber aufhören, uns selbst zu täuschen, merken wir:
Positives Denken setzt uns gleich dreifach unter Druck. Wir sind
unglücklich, wenn wir uns nicht gut fühlen. Wir machen uns
außerdem einen Vorwurf, dass wir unser Leid nicht als Chance
begreifen. Und wir halten anderen gegenüber ständig unsere
Glücksfassade aufrecht: »Ja, es läuft gerade alles richtig super,
klar, und bei dir?!« Und als wäre das noch nicht genug, wirken
soziale Medien als Brandbeschleuniger für diesen demonstrativen
Glückskonsum, den wir als Statusinvestition begreifen. Das ständige Kreisen um uns selbst macht alles nur noch schlimmer, denn
auf der Suche nach Perfektion wühlen wir so lange im Abgrund

unserer Seele herum, bis der Abgrund irgendwann wirklich zu uns zurückblickt.

Doch positives Denken geht nicht nur allen auf den Wecker, es führt auch dazu, dass wir egoistisch werden und glauben, jeder habe sein Schicksal selbst verdient. »Eigenverantwortung« ist ein Kampfbegriff, um die wachsende soziale Ungleichheit den Einzelnen in die Schuhe zu schieben. Der Terror des Positiven ist somit auch politisch, denn er stabilisiert den Status quo.

Außerdem ist Optimismus nur ein Mangel an Information, und Glück lässt sich medizinisch auch als psychische Störung betrachten. Optimisten leben gar nicht länger, es gibt kein wahres Selbst, und die Coachifizierung des Innenlebens macht uns zu seelischen Hypochondern.

Um all diese Themen geht es im ersten Teil des Buches: um das Negative am Positiven, die negativen Folgen des Glücksterrors.

Im zweiten Teil des Buches geht es genau um das Gegenteil: das Positive am Negativen. Negatives Denken hat nämlich viele Vorteile. Es macht uns engagierter, kritischer, vorsichtiger; es erhöht unsere Lebenserwartung und schützt uns vor Manipulation. Schmerzen retten unser Leben, Schimpfen befreit uns und wirkt wie ein natürliches Heilmittel. Selbst Wut und Neid sind oft berechtigt und stärken den gesellschaftlichen Zusammenhalt.

Das gilt auch für den großen Maßstab: Negatives ist der Motor der Geschichte. Die Welt wurde nicht von den Glückseligen verbessert, sondern von den Unzufriedenen. In einer hedonistischen Zeit von Überangebot und Ablenkung ist ein Leben in Selbstbestimmung überhaupt nur möglich, wenn man sagt: Ich möchte lieber nicht. Kurz: Nein.

Wenn Sie sich auch schon mal entnervt gedacht haben, ach, haut doch alle ab mit eurer blöden Happy-Hippo-Heuchelei, dann: Herzlich willkommen in diesem Buch.

Es ist umständlich geschrieben, macht nicht glücklich, aber dafür wurde es mit dem Mittelfinger getippt.

Der Terror des Positiven

»Herr Professor, gestern schien die Welt noch in Ordnung.«
Adorno: »Mir nicht.«[1]

Mein Duschbad belehrt mich. Zu dieser Feststellung gelangte ich neulich in der Drogerie. Erinnern Sie sich noch an das letzte Jahrhundert, als Badezusätze ganz simpel »Frischekick« oder »Blütentraum« hießen? Nun weiß ich nicht mehr, ob ich bei Rossmann oder beim Therapeuten bin, denn die neuen Tuben schreien mich an: »Sei frei, verrückt und glücklich!« (Es heißt wirklich so.) Das Duschbad des Grauens wird so angepriesen: »Der sonnige Duft nach Orange sprüht vor Glück und schenkt so ein Gefühl der Leichtigkeit.« Ich möchte bitte nicht, dass da was sprüht. Dabei hat die allerneueste Produktversion nicht mehr nur »sonnigen Glücksduft nach Orange«. Nun soll auch noch, na klar, »Glücksklee« enthalten sein. Unter den Inhaltsstoffen befindet sich eine Pflanze, die zwar wie ein riesiger Glücksklee aussieht, aber die Wirkung von ganz normalem Rasen hat.

Eine Etage tiefer steht ein anderes Duschbad in peppigem Lila: »Sei frech, wild und wunderbar!« Bitte nicht. Doch die Tube trägt das Versprechen: »Der spritzig-freche Duft nach Brombeere sprüht vor Heiterkeit und schenkt so ein Gefühl der Ausgelassenheit!« Puh. Ich platze auch gleich vor lauter Heiterkeit – und erwerbe ein schönes Stück Kernseife.

Noch vor wenigen Jahren wurden Produkte anhand ihrer Inhaltsstoffe oder ihrer Wirkung verkauft: Die Seife macht sauber und duftet ein bisschen. Heute sind die Inhaltsstoffe Stellvertreter für einen ganzen Lebensstil. Die Orange im Duschbad soll nicht nur gut riechen, nein, ich soll auch so werden wie sie, spritzig und frech! Die Produkte sagen nicht mehr nur, was sie enthalten, sondern was der Käufer mit seinem Leben anstellen kann, wenn er sie erwirbt. Das verdeutlicht einen großen Wandel in der Konsumkultur. Es kommt immer mehr auf Selbstverwirklichung an, den Ausdruck der eigenen Hyperindividualität. Und das auch beim Kauf eines seifenhaltigen Körperpflegeprodukts. Duschen wird dann zum gigantisch-spritzigen Wassererlebnis und Kaffeetrinken zur hochexotischen Reise der Sinne in den guatemaltekischen Regenwald. Warum wollen wir so was?

Den Hang zur Singularisierung hat der Soziologe Andreas Reckwitz beschrieben.[2] So streben Menschen, sobald ihr materieller Besitz gesichert ist, nach dem Besonderen und Einzigartigen. Das können Kunstwerke sein, seltene Türklinken oder handgemeißelte Marmorplatten für die Kücheninsel. Noch besser sind aber Erlebnisse, die schon ihrer Natur nach einzigartig sind, weil sie sich nicht wiederholen lassen: Dschungelexpeditionen in Sumatra oder Wingsuit-Fliegen in den Dolomiten.

Warum so speziell, fragt man sich. Man könnte Reckwitz hier existenzialistisch interpretieren: Wir wollen unser eintöniges Alltagsleben aufwerten. Es soll so besonders wie möglich und damit auch so glücklich wie möglich sein. Denn das Leben ist oft grau und beschwerlich, und das Besondere verspricht eine kurze Ausflucht. Gerade hier wird die Produktwerbung so absurd: Während eine Weltreise wirklich einzigartig ist und aus dem tristen Trott heraussticht, ist das Versprechen magnetischer Männlichkeit mittels massenhaft produzierter Deoroller das Gegenteil von Einzigartigkeit. Theodor Adorno sah den Gegenentwurf zur Konsumkultur in der Kunst, nämlich in einem Versprechen, dessen Einlösung immer gebrochen ist.[3] Die heutige Produktsprache dagegen ist ein Versprechen, das man niemals einlösen kann.

Ganz ähnlich verhält es sich mit Nahrungsmitteln. Mit dem ehrgeizigen Vorhaben, mir einen schnöden schwarzen Tee zu kaufen, gehe ich in den Supermarkt. Im Regal natürlich ein Überangebot an pastelligen Schachteln in den Farben eines impressionistischen Sonnenaufgangs. Ich brauche fünfundzwanzig Minuten, um annähernd eine Orientierung zu finden, und habe hinterher meinen Namen vergessen. Und den Grund, warum ich überhaupt hier bin. Tee in der Geschmacksrichtung Sahne-Buttercreme, Blaubeermuffin, Osterspaziergang, Meeresfrüchte, Heringsfilet... Nee, zu weit gelaufen, das ist schon das nächste Regal. Die Unmengen an Fitness- und Abnehmtees sind noch harmlos gegen die abgedrehten rosafarbenen »Frauentees« mit der Beschreibung »geheimnisvoll, leicht und lieblich«, »für mehr Einfühlungsvermögen« (ja, auch das ist ein Originalzitat). Natürlich, daneben steht passend dazu der »Männertee«, der auch völlig ironiefrei »stark, herb und würzig« ist. Spätkapitalismus am Limit. Sind denn alle bescheuert geworden? Es ist nicht mehr weit bis zum schwarzen »Männerpfeffer«: roh, scharf und kernig. Oder zur roséfarbenen »Frauenbutter«, cremig, streichelzart und formbar.

Was einem aber am allermeisten auf den Zeiger geht: Kaum eines dieser Produkte kommt noch ohne Imperativ aus: »Sei schön Tee!«, »Schlaf gut Tee!«, »Träum süß Tee!«, »Arbeite produktiv Tee!«, »Fuck you Tee!«. Dann endlich, in diesem Regal aus der Hölle, finde ich einen Kräutertee. Aber, ach schade, es handelt sich um einen »zitronigen Wirbelwind mit frischem Finale«. Dazu passen dann nur noch der »schwedische Frischekick« auf dem Streichfett und die »Power-Berry-Exotik« auf der Trockenobstmischung. Bitte nicht. Ich will überhaupt kein Finale. Wie bin ich eigentlich in diese aufbrühbare Selbsthilfegruppe geraten? Ich gehe wieder nach Hause und trinke seitdem nur noch eisenhaltiges Leitungswasser.

Der dominante Imperativ auf der Teepackung ist kein Zufall. Er versinnbildlicht, was der Soziologe Zygmunt Bauman mit einer neuen »Command Culture« beschreibt.[4] Fußte unsere Moral früher noch auf Verboten, die besagten: »Tu dies oder jenes nicht«, basiert sie heute auf Kommandos: »Sei produktiv, reich und dünn!« Die Normen haben sich gewandelt von einem »Du darfst nicht« zu einem »Du musst«. Das führt natürlich unweigerlich zur Erschöpfung – und erschöpft sind wir alle. Du sollst dich überall mit Leidenschaft einbringen, dich verwirklichen, und du sollst dabei auch noch sehr glücklich sein! Bauman beschreibt, dass die Menschen früher beim Therapeuten waren, weil sie unter ihrem Sexualtrieb litten und ihre Wünsche nicht ausleben konnten. Heute ist es umgekehrt: Weil wir ständig etwas wollen sollen, haben wir weder Lust noch Kraft.

Und das gilt für fast alles im Leben. Man soll tun, was man liebt, es soll Spaß machen, aber auch sinnvoll sein: Make a difference! Die Soziologin Eva Illouz sieht darin die Vermengung von Gefühlen und Ökonomie, was sie in ihrem Buch *Der Konsum der Romantik* als »emotionalen Kapitalismus« beschreibt.[5] Während die Wirtschaft immer mehr unsere intimen Emotionen anspricht, richten wir umgekehrt unser Gefühlsleben auch immer mehr an marktkonformer Wirtschaftlichkeit aus.[6] Beispiele dafür findet man überall: Unsere individuelle Vorstellung von Liebe und Romantik ist von Klischees wie der *Ristorante*-Tiefkühlpizza-Werbung geprägt. Wir können diese »romantische Utopie« also für 3,99 € erwerben. Gleichzeitig wird der Baumarkt, in dem man graue Spreizdübel kauft, zum emotionalen Abenteuer der privaten Selbstverwirklichung. So wie Gesichtscreme sagt: »Weil ich es mir wert bin«, sagt die Fliesenfachabteilung: »Du kannst alles erschaffen!« Das meint Illouz, wenn sie behauptet, Ökonomisches wird emotionalisiert und Emotionen werden ökonomisiert: Die Waren werden gefühlig aufgeladen, während echte, private Gefühle auf die Kosten-Nutzen-Bilanz überprüft werden. Und irgendwann bekommen sogar private Beziehungen einen Tauschcharakter;

Menschen werden dann auf ihren Nutzen hin abgeklopft, mit der Frage im Hinterkopf: »Was bringt mir der Kontakt?«

Manche Leute gehen sogar so weit, dass sie für sich selbst einen eigenen Markenkern erschaffen, also ganz buchstäblich ihre Haut zu Markte tragen und ihre »Unique Selling Points« erarbeiten. Das nennt man dann »Personal Branding«. Jeder kennt jemanden, der von sich selbst sagt: »Das kommt davon, dass ich so *crazy* bin«, oder, mein Favorit: Leute, die über sich selbst in der dritten Person sprechen, als wären sie ein Markenprodukt. Wenn ein Michi sagt: »Das ist so typisch Michi, haha!« Oder: »Einfach *classic* Michi wieder.« Klassiker.

So werden wir nicht nur von außen aufgefordert, sondern wir haben die Kommandos inzwischen verinnerlicht: nie stehen bleiben und dauerhaft konsumieren, um dabei uns und unser Leben zu verbessern. Und wie kann man sich das selbst besser beweisen als durch ständigen Konsum? Die neue Kommandokultur dominiert so alle Lebensbereiche: Ernährung, Gesundheit, Medien, Politik und Bildung. Dem Glücksterror kann niemand entrinnen.

Es folgt der endgültige Beweis: die Hölle aus Tüll

Es war ein kalter Winter im Jahr 1984, als meine Eltern geheiratet haben. Meine Mutter trug ein schwarzes Kostüm, mein Vater einen dunkelgrauen Anzug, der Standesbeamte sagte ein paar Worte, sie tauschten die Ringe, dann gingen sie mittagessen, alle waren froh.

Heute sind die meisten Hochzeiten irrsinnige Spektakel. In Zeiten relativen Wohlstands bringt die Kombination aus Konkurrenzdruck und emotionalem Exhibitionismus überdimensionierte Plüschgelage hervor. Mit riesigen Torten voller Buttercreme und Marzipanrosen, Teigfladen – Zuckercreme – Teigfladen, darüber noch mehr Creme, eine unendliche Stapelei. Obendrauf noch Gedöns, das keinem schmeckt, aber pompös aussieht, denn viel Liebe muss heißen: viel Tüll, viel Spitze, viel Sahne. Wer hat sich das ausgedacht?

Solch ein kurzes Fest der Sinne kostet dann ungefähr so viel wie ein Ferienhaus an der Côte d'Azur. Und sogar diejenigen, die an so etwas nicht mal denken können, verschulden sich, kratzen alles zusammen, denn dieser Tag muss, *no pressure,* der »schönste und wichtigste Tag des Lebens« sein. Dieses Damoklesschwert hängt über dem Fest wie die kreisenden Geier über der verendenden Antilope. Hochzeiten sind darum der Gipfel des Glücksterrors. Man muss ja ohnehin andauernd glücklich sein, aber dieser eine Tag soll eben der allerallerglücklichste werden! Dass so etwas in völlig überflüssigem Stress endet, überrascht niemanden.

Das Brautkleid muss zuvor in einer ausgiebigen Tempelbegehung erworben werden. Es heißt schließlich: *Say yes to the dress!* Damit meint man auch, dass man es »einfach fühlt«, wenn es »das richtige« ist. Dieses Kleid, das maximal 6 Stunden und 38 Minuten im Leben getragen wird, muss einfach zur Seele der Frau passen! In Deutschland gibt eine Braut durchschnittlich 1200 (!) Euro für ein Kleid aus, das sie niemals wieder in ihrem Leben anziehen wird.[7]

Im schlimmsten Fall werden alle Freundinnen und zwanzig Cousinen zur Anprobe mitgeschleppt, Taschentücher stehen überall bereit, man trinkt Sektchen. Am Ende sind alle besoffen und heulen. Sie sind so überwältigt von dieser Person, die da plötzlich so ganz anders, so verwandelt vor ihnen thront in ihrem cremefarbenen Zelt aus Satin.

Haben Sie sich mal gefragt, warum Aliens noch keinen Kontakt zu uns aufgenommen haben? Über 1500 Jahre saßen sie in ihrem Raumschiff auf dem Weg zur Erde. Dummerweise war das Erste, was sie dann von unserer Zivilisation gesehen haben, eine Hochzeitskleidanprobe.

Verwunderlich ist: Selbst gebildeten, emanzipierten Frauen ist es häufig nicht zu blöd, sich in meterweise Tüll und Schleifen zu hüllen. Gepudert, beperlt und streng onduliert werden sie dann von ihrem Vater an den Ehemann überführt wie ein poliertes Fahrzeug. Nach feministischer Selbstbestimmung sieht das nicht aus.

Unsere Eltern und Großeltern wären nicht im Traum darauf gekommen, zehntausend Euro oder mehr für diese monströse Festlichkeit auszugeben, ein Jahr im Voraus die Farbpalette der Tischdekoration und sechzehn Brautjungfernkleider auszuwählen, eine »Bridal Shower« zu veranstalten oder das handgeschöpfte Papier für die Einladungen in Florenz zu bestellen.

Bis zur Epoche der Romantik gab es hauptsächlich arrangierte Vernunftehen, wie sie heute noch in großen Teilen der Welt üblich sind.[8] Hochzeiten dienten dazu, den Fortbestand der Familie und des Besitzes zu sichern. Auch nicht so optimal, klar. Das historisch junge Konzept der Liebesheirat ist dagegen Ausdruck des individuellen Glücks. Heutzutage haben wir aber die Extremform erreicht: Jeder will das ganz besondere Spektakel, da werden die Eheleute zu den Hauptfiguren ihres eigenen Disneymärchens.

Solche Ereignisse sind natürlich ein kurioses Wohlstandsphänomen, fast nie für einen selbst bestimmt, sondern immer Statusmitteilungen an die anderen. In den sozialen Medien ist inzwischen ein absurdes Wettrüsten entstanden, bei dem es darum geht, Drohnenvideos, eigene Hashtags und sogar ganze Instagram-Accounts für seine Feier zu kreieren, stets mit einem »Branding«, als wäre man Brad und Angelina in ihren früheren Tagen: »Ben & Anja. Our Fairytale 2018«. Diese *Disneyfizierung* unserer Sehnsüchte ist so gesehen ein bisschen wie die *heterosexuelle Matrix* von Judith Butler[9]. Butler beobachtet, dass wir von klein auf geprägt werden, Menschen binär in Mann und Frau aufzuteilen, die sich gegenseitig begehren, aber alle anderen Geschlechteridentitäten fallen als »Abweichung« aus dem Raster. Diese Matrix sei nicht auflösbar, selbst wenn man sie erkenne. Butler meint, man könnte sie allenfalls subversiv unterlaufen, indem man Geschlechterstereotype bricht, aber der Matrix selbst entkommt man nie.[10] Sie durchdringt alles. Die *Disneyfizierung* ist noch schlimmer, weil nicht einmal die Parodie hilft. Die Sehnsüchte bleiben.

Stichwort »Geschlechtsidentität«. Ein paar Monate nach der Hochzeit geht der Horror nämlich weiter. Denn der zweite Höllenkreis von Dantes Inferno ist die sogenannte *Gender Reveal Party*, also die »Geschlechtsenthüllungsparty«, eine Feierlichkeit, die um das Jahr 2008 von einer Bloggerin aus dem Nichts heraufbeschworen wurde.[11] Zweck des Ganzen ist inzwischen, auf möglichst pompöse Art das Geschlecht eines noch ungeborenen Babys mitzuteilen. Meist bestimmt das Paar dabei eine Vertrauensperson, die von ärztlicher Seite die relevante Information erhält. Dann sollen die werdenden Eltern in einer Zeremonie überrascht werden, zum Beispiel mit blauen oder rosafarbenen Cremefüllungen in Torten. Oder mit Farbbomben. Oder mit Feuerwerk. In Blau oder Rosa.

Völlig überholte Geschlechtsstereotype haben dadurch Aufwind bekommen, sodass sich inzwischen sogar die Erfinderin öffentlich vom Geschlechtshype distanziert hat.[12] Und ganz ehrlich: Wen interessiert das überhaupt? Ein Influencer-Paar aus Dubai hatte bisher die beste Idee. Warum nicht einfach das höchste Gebäude der Welt, den Burj Khalifa, für die Feier nutzen? Der 828 Meter hohe Wolkenkratzer erstrahlte nach einem ganz willkürlichen Countdown (auf was wurde denn heruntergezählt?) in Türkisblau. *It's a boy!* Ach schön.

Ein missglücktes Feuerwerk auf einer *Gender Reveal Party* war übrigens der Grund, warum 2020 die halbe Westküste der USA in Flammen stand. Allein im Naturpark El Dorado Ranch bei Los Angeles mussten 20.000 Menschen ihre Häuser verlassen.[13] Und das war nicht das erste Mal. In den vorherigen Jahren hatten selbst gebastelte explodierende Farbbomben große Feuer in Florida und einen Waldbrand in Arizona ausgelöst, der sich über 47.000 Hektar erstreckte, eine Fläche viermal so groß wie Paris.[14] Außerdem haben die Farbexplosionen in Blau und Rosa eine Großmutter des ungeborenen Kindes getötet, als sie ein Schrapnell des Feuerwerks am Kopf traf.[15] Harmloser lief dagegen eine Geschlechtsenthüllungsfeier in Texas ab, bei der ein Flugzeug 1300 Liter rosa gefärbtes Wasser getankt hatte, um es vom Himmel regnen zu lassen. Durch die pinke Last war die Maschine allerdings zu schwer geworden und stürzte ab. Die Piloten kamen mit leichten Verletzungen davon.[16]

Aber zurück zur Hochzeit, mit der das Schlamassel anfing, weil hier das Kommando des Positiven seinen Höhepunkt erreicht: »Los, nun mach schon, sei endlich überglücklich am glücklichsten Tag deines Lebens!!!« Denn aus der Idee, man könne immer mehr Glück anhäufen, folgt zwangsläufig die Überzeugung, dass es den ultimativ glücklichsten Moment geben muss. Natürlich, was kann das anderes sein als die Hochzeit. Dabei zeigt nicht nur die Forschung, sondern auch die Alltagserfahrung: Das kann nur schiefgehen, und zwar aus demselben Grund, weshalb so gut wie jedes Kind auf dem eigenen Kindergeburtstag heult. Der Erwartungsdruck ist einfach zu groß.

Der Umstand, dass wir bei der Hochzeit auch noch wahnsinnig individuell sein wollen, führt dazu, dass wir ziemlich konform in unserer Individualisierung werden. Googeln Sie mal aktuelle Hochzeitsfotos. Eigentlich sehen alle gleich aus – und schrauben die Erwartungen und den Aufwand immer höher. Macht man sich klar, dass eine Stunde einer durchschnittlichen Hochzeit etwa tausend Euro kostet, wird die Lage auch nicht gerade entspannter. So wenig wie die sündhaft teure Duftkerze, die man fünfzehn Jahre lang aufgehoben hat, bis man sie anzündet. Man will krampfhaft jede Sekunde auskosten und schnuppert dabei so konzentriert, dass man hinterher Kopfschmerzen hat.

Die Hochzeit ist vom glücklichsten zum unauthentischsten Moment des Lebens geworden, bei dem die zur Schau gestellten Gefühle so *fake* wirken wie die aufgeklebten Wimpern der Braut.

Dabei täuscht man nicht nur die anderen, für die alles perfekt bearbeitet und inszeniert wird, sondern man täuscht vor allem sich selbst. Liebe und Glück werden hier am Materiellen gemessen, man ist es sich eben wert. Die Annahme dahinter ist simpel. Je exklusiver das Ereignis, desto größer müssen auch die Gefühle sein. Deshalb ist auch alles massiv überteuert, denn wer die Liebe mit einer Investition gleichsetzt, will natürlich nicht knauserig sein.

Tatsächlich zeigen Untersuchungen aber genau das Gegenteil. Je teurer eine Hochzeit, desto kürzer die Ehe.[17] Keine Pointe.

Die beste Version deines Selbst

Lesend, scrollend, Reize verarbeitend wabern wir durch die Welt. Dabei stößt man sehr regelmäßig auf die Aufforderung: »Be the best version of yourself«, also: Sei die beste Version deines Selbst! Soso, hmm, denke ich. Und frage mich: Was soll das eigentlich sein, die »beste Version« von etwas, das als »mein Selbst« gilt? Muss dieses Wachstum, um das es dabei wohl geht, messbar sein, und wenn ja, was sind die Kriterien, und wie soll das konkret aussehen? »Meine Jobeffizienz war heute eher eine 7,5, gestern eine 6, also habe ich eine Steigerung um 25 Prozent zu verzeichnen, juhu, heute Abend zur Belohnung einen Rotwein – ach nein, lieber nicht, das gibt Punktabzug im Ernährungsbereich, oh schade, aber hey, dafür saßen die Haare heute echt gut!«

Mit Ludwig Wittgenstein kann man sagen, es gibt nur uns, aber nicht zusätzlich noch unser »Selbst«.[18] Denn was meint man konkret damit: den Charakter, die Vorlieben, das Wissen, den Geschmack, das Bewusstsein einer Person? Erst mal ist es natürlich begrüßenswert, man selbst sein zu wollen, anstatt jemand anderes. Doch die Idee einer vermeintlich besten Version meines Selbst ist eine der Grundideen der Positiven Psychologie und entstammt der Vorstellung, dass noch irgendetwas Zusätzliches, Mystisches in uns ist, etwas »Wahres«, das sich unter idealen Umständen noch entfalten wird. Wenn man sich nur genug anstrengt. Die Welt der Werbung hat das dankbar aufgenommen, weil man damit wirklich alles verkaufen kann.

Sicher, es spricht grundsätzlich nichts dagegen, sich in einer Sache verbessern zu wollen, im Klavierspielen etwa. Ein Problem ist es aber dann, wenn man seine Persönlichkeit grundlegend verändern soll oder im endlosen Wettkampf um Verbesserung mit sich selbst gefangen ist. Damit führt man sich auch die eigene Unvollständigkeit immer wieder vor Augen. Denn wo soll das Ende der Fahnenstange sein? Es gibt immer etwas zu schleifen, am Körper, am Geist, man ist nie fertig, irgendwas ist ja immer! Wir sind alle nur im Wettlauf mit unserem eigenen Verfall. Wer daran andauernd herumrührt, wird entweder unzufrieden oder dreht irgendwann mit seiner Optimierungswut am Rad und endet im Glückswahn.

Der wird auch befeuert von unzähligen Ratgebern und Selbstoptimierungsprodukten, die helfen sollen, endlich glücklicher zu werden. Und natürlich, wie könnte es anders sein: Es gibt sogar eine erfolgreiche App mit dem Namen *Happify*.[19] Sie können es sich schon denken: Diese App macht glücklich! Wie schön. Der Hersteller verspricht »effektive Funktionen und Programme, damit du dein emotionales Wohlbefinden kontrollieren kannst«. Man soll seinen »Glückspunktestand« durch verschiedene Tests, Übungen und Spiele herausfinden und diesen dann »ständig verbessern«. Klingt traumhaft, wenn man einen Zahlenfetisch hat. 86 Prozent der Nutzer sollen schon »nach acht Wochen glücklicher« sein, mit einem Sprung von »vorher 45 Prozent« zu »nachher 80 Prozent« an positiven Emotionen.[20] Nutzer können sich sogar in Wettbewerben darin messen, wer glücklicher ist. Aber hey, *no pressure*, haha, Smiley!

Tatsächlich bringt die Glücksideologie eine ganz eigene Form des Leids hervor. Ständig seine Gedanken und Gefühle daraufhin zu beurteilen, ob sie zu einem unklar definierten Glückszustand beitragen, macht müde. Das Streben nach Glück führt dann nur noch zur Erschöpfung.

Was ist denn nun aber die beste Version meines Selbst? Ich gebe »How to be the best version of yourself« bei Google ein. Dabei stoße ich auf einen Artikel vom *Time Magazine,* der mir Antworten verspricht. In Punkt 5 der langen Liste heißt es, ich solle mich bei Twitter anmelden, um mich »besser zu vernetzen«. Ach so, dass ich nicht gleich darauf gekommen bin. Mein Favorit ist aber Punkt 4: »Stop looking for a secret trick.« Haha.

Interessanterweise wird die Aufforderung, die »beste Version seines Selbst« zu sein, oft nur als pseudogefühlige Veredelung recht profaner Wünsche benutzt. Im Fitnessstudio, wo der Spruch inflationär häufig herumhängt, geht es einfach darum, »mehr Muskeln« zu bekommen. Einflussreiche Schminkmenschen auf Instagram wünschen sich einfach viel Ruhm und/oder sehr reiche Partner, der Surferboy auf Tinder mehr Dates und der gecoachte Manager schlicht und einfach mehr Geld.

»Happy girls are the prettiest«, las ich neulich auf einer Postkarte, die ungefragt ihren Weg in meinen Briefkasten fand, als ich einen simplen Terminplaner bestellte. Also: Glückliche Mädchen sind die schönsten. Was zum Teufel? Auch wenn es Audrey Hepburn gesagt haben soll und sie damit hoffentlich etwas anderes meinte: Dieser Satz ist gleich doppelt problematisch. Denn nicht nur das Aussehen wird hier zum Maß aller Dinge (aber natürlich nur für Frauen), gleichzeitig wird auch Glücklichsein die neue Norm. Es baut also sogar zweifach Druck auf, einmal nach innen und einmal nach außen.

Die Ideologie des Positiven stresst und verblödet die Menschen. Ich möchte lieber nicht die beste Version meines Selbst sein. Ich möchte einfach nur hier sitzen.

Scheitern als Chance

Warum sollte man in der Welt leben,
ohne das Gewicht der Welt zu spüren?
Karl Ove Knausgård (Sterben)[1]

Es ist ein grauer Sonntag im Oktober, als ich durch den Nieselregen ins Altenheim fahre. Meine Großmutter ist seit einiger Zeit ein Pflegefall und unsere Verbindung schon immer innig, darum besuche ich sie, so oft es geht. Im Flur von Etage 5 angekommen, schlägt mir jedes Mal eine sterile Anonymität entgegen. Das Surren der Leuchtstoffröhren, an denen bläuliches Licht an mintgrün gestrichenen Wänden abperlt. Es riecht beißend, nach Essigreiniger und Desinfektionsmittel. Aus den Zimmern dringen die Laute der Alten, ein Schnarchen, Ächzen und Wimmern. Pfleger in hellblauen Kitteln eilen vorbei, die gar nicht wissen, was sie zuerst tun sollen. Hier wird das Altsein verwaltet.

Im Zimmer meiner Großmutter setze ich mich an ihr Bett und reiche ihr die Schnabeltasse mit stark verdünntem Milchkaffee. Gegenüber, am Bett ihrer Zimmernachbarin, steht ein junger Mann, der mich beim Eintreten ignoriert hat. In seinen Turnschuhen federt er vor seiner Großmutter auf und ab. Er doziert etwas. Dann tritt er näher an sie heran und liest doch tatsächlich einen Spruch vom großmütterlichen Kalenderblatt vor: »Lächle, und die Welt lächelt zurück!« Und: »Siehst du, sei doch mal ein bisschen positiv, Oma, dann wirst du hier auch besser behandelt!« Mir fällt fast die Schnabeltasse aus der Hand. Seine Großmutter, kraftlos, mit starken Schmerzen, kann kaum noch sprechen.

Ich bin auch sprachlos. Erst auf dem Heimweg wird mir klar, was eigentlich passiert ist. Das war nämlich überhaupt kein mitfühlender Ratschlag, sondern eine Form von Opfer-Beschuldigung, die in dieser aussichtslosen Situation am Ende eines Lebens wie blanker Hohn klingt. Der Enkel hatte das Prinzip der Positiven Psychologie verinnerlicht: Denke positiv, dann wird schon alles gut, denn du hast es in der Hand! Am Altenbett wurde daraus eine empathielose Ohrfeige. Denn der falsche Umkehrschluss lautete: Deine negative Einstellung ist schuld, dass du hier nicht gut behandelt wirst. Es liegt nämlich nicht etwa am akuten Pflegenotstand oder den schlechten Arbeitsbedingungen der Pfleger, nein, es liegt ausschließlich an den Gedanken der Oma.

Mit dieser abstrusen Schlussfolgerung wird sogar Krebspatienten immer wieder die eigene Verantwortung an ihrer Erkrankung unterstellt. Ihre negative Einstellung zum Leben habe eben dazu geführt, dass sie überhaupt Krebs bekommen hätten! Die Autorin Barbara Ehrenreich beschreibt diese erstaunlich festsitzende Überzeugung der US-amerikanischen »Brustkrebsszene«, wonach das Überleben der Krankheit von einer positiven Einstellung abhänge, genauso wie das anfängliche Risiko, überhaupt an Krebs zu erkranken.[2]

Der irrsinnige Glaube, dass Krebs in irgendeiner Weise psychisch bedingt sei, hält sich auch bei uns hartnäckig. So glaubten 61 Prozent der Befragten in Deutschland, seelische Belastungen und Stress könnten Krebs auslösen.[3] Das ist wissenschaftlich aber überhaupt nicht haltbar. Niemand erkrankt an einem Tumor, weil er bestimmte Persönlichkeitsmerkmale hat oder starke Trauer durchleben musste. Vielmehr liegt es an genetischen Faktoren und am Risikoverhalten, wie zum Beispiel Rauchen, und oft ist es einfach nur ein tragischer Zufall.[4]

Bereits die Formulierung »den Krebs besiegen« ist eine schiefe Metapher, die suggeriert, man könne aktiv, nur durch seine eigene Anstrengung tatsächlich das Ruder herumreißen. Menschen, die an Krebs gestorben sind, haben sich aber nicht »nicht genug ange-strengt«, und es wäre absurd und völlig menschenverachtend, das zu glauben.

Sicher neigen Menschen dazu, Unglück zu personifizieren, weil sie es dann besser bewältigen können. Die Suggestion ist hier: »Ich habe einen greifbaren Gegner vor mir.« Das Unglück erscheint so bezwingbar. Doch selbst wenn wir als Menschen einiges aus eigener Kraft ändern können: Das Wunder unseres Verstandes besteht darin, zwischen dem Möglichen und dem Unveränderli-chen zu unterscheiden, wie schon der Stoiker Epiktet gesagt hat.[5] Dass unsere Existenz von Schicksalsschlägen geprägt ist, die man manchmal als unabwendbar akzeptieren muss, gehört dazu.

»Optimismus stärkt das Immunsystem! Optimismus macht ge-sund! Optimisten leben länger!« Solche Parolen haben Sie sicher-lich schon mal in der Zeitung gelesen. Seit Jahren finden immer wieder vermeintliche Erfolgsgeschichten aus der Wissenschaft ihren Weg in die Öffentlichkeit. Und hier kommt die Positive Psy-chologie ins Spiel mit einem Optimismus-Hype, der im Wesent-lichen auf einen US-amerikanischen Psychologen zurückgeht, der vor einigen Jahrzehnten sein Fach revolutioniert hat: Martin Seligman.[6] »Marty«, wie seine Freunde ihn nennen, war bereits ein einflussreicher Psychologe, als er 1996 Präsident der Ameri-can Psychological Association (APA), dem Dachverband der Psy-chologen in den USA, wurde. Dort gab er einen neuen Kurs vor. Nicht mehr nur die Kranken heilen war Seligmans Devise, son-dern allen Menschen ein besseres, sprich glücklicheres Leben ver-schaffen. Jeder hat sein Glück selbst in der Hand! Die Strömung der Positiven Psychologie war geboren.[7]

Was erst einmal gut klingen mag – warum sollen wir nicht alle von der Forschung profitieren? –, entsprach allerdings auch einem ökonomischen Kalkül. Denn seit Mitte der Achtzigerjahre war-fen sich US-Bürger Psychopharmaka ein wie Erdnüsse auf einem Stehempfang. Die Patienten dachten sich: Warum jahrelang auf der Couch liegen, wenn es doch so einfach geht? Viele Therapeuten bangten um ihre Jobs.[8] Und so traf es sich gut, dass Seligman für seine Zunft ein ganz neues Arbeitsfeld erschloss, nämlich den Weltmarkt der Selbstverbesserung. Aus einigen Psychologen wurden jetzt Coaches und Berater, die nicht mehr psychisch Kranke heilten, sondern kerngesunden Menschen helfen sollten, mehr aus sich herauszuholen. Jeder Mensch war jetzt ein potenzieller Kunde. Da soll noch mal jemand behaupten, man könne nicht seine eigene Nachfrage erschaffen.

In diesem Zusammenhang fällt oft die schöne Worthülse »Mindset«. Stets verbunden mit dem Hinweis, wie wichtig es sei, das »richtige« zu haben. Erinnert Sie das nicht sofort an Christian Lindners »Probleme sind nur dornige Chancen«? (Passend dazu sieht die FDP ihr Bildungsministerium als »Chancenministerium«.[9]) Auch hier fragt man sich, was mit »Mindset« eigentlich genau gemeint ist, eine Voreinstellung im menschlichen Denkapparat? Kann ich mich für das richtige »Mindset« entscheiden wie für die beste Version meines Selbst? Auch hier wird vermittelt, alles komme nur auf die individuelle Betrachtungsweise im Leben an.

Die Idee, alles liege am Individuum, ist ein gutes Beispiel für das, was Karl Marx das »falsche Bewusstsein« nennt, eine Ideologie, die man nicht bemerkt, weil man sie so sehr verinnerlicht hat, wie etwa die Arbeiterklasse, die ihre eigene Ausbeutung für die natürliche Weltordnung hält. Adorno hat diese Ideologiekritik auf die Massenkultur übertragen, in der nichts mehr authentisch für sich steht, sondern alles nur noch durch den Filter der Vermarktung gesehen wird. In der heutigen Glücksindustrie, also dem Teil der Konsumwelt, der uns für viel Geld viel Dopaminausschüttung im Hirn verspricht, sind diese Mechanismen genauso subversiv. Der Filter ist so durchsichtig, dass wir ihn gar nicht mehr bemerken. Bis in die kleinsten Denkbewegungen sehen wir die Welt durch die Brille der Individualisierung.

Es ist erstaunlich, wie selten wir fähig sind, unabwendbares Leid zu akzeptieren. Stattdessen glauben wir, wir müssten sogar im Leid produktiv bleiben. Geht es uns schlecht, haben wir uns entweder nicht genug angestrengt. Oder wir müssen das Leid wenigstens zu einer Chance für etwas Besseres umdeuten.

Sogar während der Corona-Pandemie ließ sich das beobachten. Covid hatte im April 2020 weltweit schon über 100.000 Tote gefordert. Und während in Bergamo das Krematorium wegen Überlastung schließen musste und in Madrid ein Eisstadion zur Leichenhalle umgewandelt wurde, teilten Leute in den sozialen Medien frohlockend Beiträge darüber, dass die Kanäle von Venedig so klar waren, dass man die Fische darin wieder sehen konnte.[10] Durch die Pandemie blieb die extreme Wasserverschmutzung aus. War das nicht wunderbar?

Haarausfall als Chance

Wir sind besessen. Besessen davon, jede Krise als Chance zu sehen und aus jedem Schnupfen etwas zu lernen. Das ist vermutlich eine der perversesten Verschiebungen unseres »Mindsets«, die der Spätkapitalismus hervorgebracht hat.[11] Ein pathologischer Zwang, in der größten Krise noch das Positive zu finden. Und dieser Zwang hat keine Grenzen.

In unzähligen Artikeln ging es während der Pandemie plötzlich darum, »das Beste aus der Situation zu machen«: »So nutzen Sie das Homeoffice jetzt effizient.« Oder: »Zehn Dinge, die sich durch Corona verbessern.« Überall las man nun: »Corona als Chance«.

Auf der Datingplattform Tinder schrieb eine junge Frau in ihrer Selbstbeschreibung: »Corona bedeutet für mich erst einmal Entspannung, *Me Time* und zu mir selbst zurückzufinden.« Bitte, warum bleibst du nicht einfach für immer in deiner *Me Time*, Verena? Der Vatikan titelte: »Corona als Chance für ›Retro-Katholizismus‹«. Die Website *unternehmer.de* sammelte unter »Corona als Chance – 7 Möglichkeiten, die sich dir jetzt bieten!«

unter anderem die Punkte »2. Nachdenken« und »6. Saubere Umwelt«, der Klassiker. Nutzen Sie die freie Zeit für Ihre Steuererklärung, denn dank Corona wird die endlich mal pünktlich fertig sein![12] Es zeigt sich jetzt, wer den Augenblick nutzt! Und liegt es nicht ausschließlich an uns, wie wir die Welt betrachten? Vor Kurzem las ich in einer Zeitung sogar die völlig ernst gemeinte Überschrift: »Haarausfall als Chance!« – nämlich für einen neuen Look, oder noch schlimmer, um »selbst daran zu wachsen«.

Man könnte das ja alles albern und schwachsinnig finden, wenn es nicht so fatal wäre. Wer will denn in einer Gesellschaft leben, in der sich alle über die hübschen Fische freuen, während sich Leichen vor den Krematorien stapeln? Die zwanghafte Suche nach Positivem führt zu völlig absurden Nebenschauplätzen, während man kaum bemerkt, dass sich diese Obsession mit der eigenen Produktivität so sehr ausbreitet, dass sie die Wahrnehmung der Realität verzerrt.

Existenzielle Schicksalsschläge gehören zum Leben dazu. Alle Menschen erfahren Leid, einige mehr, andere weniger, und so gut wie nie liegt dieser Umstand allein an ihrem »Mindset«. Das ist ein Irrglaube, der so tief sitzt und so weitreichend ist, dass wir uns eines klarmachen müssen: Nein, wir haben nicht alles in der Hand. Tod, Krieg, Leid, Hunger, Gewalt, das alles hängt nicht von der richtigen inneren Einstellung ab. Es gibt viele weitere Fährnisse, bei denen unsere innere Einstellung absolut nichts ausrichten kann. Das nicht erkennen zu wollen und sich die Dinge schönzureden ist fahrlässig. Mehr noch: Es ist sogar eine Form von Egomanie, den eigenen Einfluss auf die Welt so massiv zu überschätzen.

Das Gift des Glücks

Haben Sie schon mal jemandem etwas sehr Persönliches, Unangenehmes anvertraut, wie zum Beispiel, dass Sie unter bestimmten Ängsten leiden, und darauf eine Antwort des folgenden Kalibers bekommen: »Ach was, da hast du dich nur reingesteigert!«, »Lass dich nicht hängen!«, »Das ist doch diese Modekrankheit?« oder »Man muss es nur wollen, Kopf hoch!«?

Solche Lebenstipps fallen in eine Kategorie, für die man inzwischen einen Begriff hat: »Toxische Positivität«. Auch, wenn man heute ja schnell dabei ist, alles Mögliche *toxisch* zu nennen, trifft der Begriff hier wirklich den Kern des Problems. Er beschreibt eigentlich ein paradoxes Phänomen, nämlich die Annahme, eine ausschließlich positive Einstellung sei das einzig richtige Lebenskonzept. *Toxisch* ist diese Positivität deshalb, weil sie alles Negative kategorisch ablehnt und weil diese Art des aufgezwungenen Glücks den meisten Menschen überhaupt nicht hilft, sondern ihre Situation eher verschlechtert. Die zahlreichen gut gemeinten Ratschläge lassen den Beratschlagten nämlich oft noch bedrückter und hilfloser zurück, als er vorher schon war. Man könnte das Phänomen also auch als »psychologische Verschlimmbesserung« beschreiben. Ungeachtet aller Lebenslagen positiv sein zu müssen und alle negativen Gefühle zu vermeiden, oder sie sogar zu leugnen, kann tatsächlich wie Gift sein – weil es nicht nur sehr nervig, sondern auch gefährlich ist. Zum Beispiel blendet man ohne negative Emotionen wichtige Informationen aus, die man braucht, um zu vernünftigen Entscheidungen zu kommen. Etwa, ob man denn wirklich über diesen zugefrorenen See laufen sollte? Ach, das Eis wird schon dick genug sein, positiv denken! (Berühmte letzte Worte von Anhängern dieses Lebensstils: »Wird schon gut gehen!«) Manchmal vergrößert man negative Gefühle sogar, indem man sie ignoriert oder abstreitet. Doch wenn es regnet, ist es oft besser zu warten, bis der Regen vorüber ist, anstatt sich einzureden, dass man ja gar nicht nass wird, oder schlimmer, dass man den Regen »einfach fühlt«.

Klassiker wie »Lächle doch mal!«, »Komm doch endlich darüber hinweg!« oder »Anderen geht es noch viel schlechter!« sind typische Non-Ratschläge aus der Rubrik »Gut Gemeintes aus der Hölle«. Sicher, Probleme in Perspektive zu setzen ist wichtig, und manchmal muss man einfach die Zähne zusammenbeißen. Doch wirklich niemals hat ein Mensch sich gedacht, nachdem er von der fristlosen Kündigung oder dem Sorgerechtsstreit erzählt hat: »Mann, ja, stimmt, dann reiße ich mich jetzt einfach mal mehr zusammen, danke, Tobias!«

Im Fall derjenigen, die tatsächlich auf Hilfe oder Pflege angewiesen sind, führt der Zwang zur Positivität zusätzlich zu Schuldgefühlen. Muss ich als Patient vielleicht einfach nur eine bessere Einstellung meiner Krankheit gegenüber entwickeln? Eine etwas trockene Werbung in der U-Bahn hat das aufgegriffen. Dort heißt es: »Du kannst alles werden! Auch ein Pflegefall.«

Spannenderweise kommt aber keiner mit cleveren Tipps um die Ecke, wenn man vom Schleudertrauma nach einem Autounfall berichtet. Niemand käme auf die Idee, seine Nierenentzündung hänge von seiner Betrachtungsweise ab.

Darin zeigt sich auch, wie unterschiedlich wir noch immer psychisches Leid gegenüber physischem Leid gewichten. Diesen absurd-positiven Lebensratschlägen hat die Komikergruppe Monty Python ein Denkmal gesetzt mit dem Song *Always Look on the Bright Side of Life*. Im Film *Das Leben des Brian* hängt die Hauptfigur am Ende völlig unschuldig am Kreuz. Brian leidet, er befindet sich kurz vor seinem qualvollen Tod, als ein Mann, der am Kreuz neben ihm hängt, plötzlich anfängt zu singen: »Sieh die schönen Dinge im Leben!« Auch wenn einige den Titel als frohe Botschaft missverstehen, ist der Text maximal düster und keineswegs optimistisch. Zitat:

»Life's a piece of shit
When you look at it.«

Denk positiv und sei still

Das Konzept »Good vibes only!« ist nicht nur für Individuen oft völlig unpassend. Es ist auch gesellschaftlich fragwürdig. Denn toxische Positivität funktioniert auch als ein Maulkorb für politischen oder sozialen Wandel. Hier zeigt sich die Tragweite des Glücksterrors: Wenn Glück und Leid zu einer Frage der inneren Einstellung gemacht werden, vermittelt es den Anschein, es gebe hauptsächlich psychologische Probleme und keine gesellschaftlichen. Und wenn ich mich einfach nur dazu entscheiden muss, glücklich zu sein, ist es leicht, einem unglücklichen Menschen zu unterstellen, er habe sein Unglück eben selbst gewählt und sei dafür auch selbst verantwortlich. Auf diese Weise nimmt man einigen Menschen ganz gezielt ihre Stimme des Unmuts und Widerstands und bringt sie zum Schweigen.

Eva Illouz pointiert diese gängige Unterstellung der Selbstverantwortung: »Wenn die Gestressten, Deprimierten, Ausgegrenzten, Ausgebeuteten, Armen, Bankrotten, Süchtigen, Trauernden, Kranken, Einsamen, Arbeitslosen, Nostalgischen und Gescheiterten kein glückliches Leben führen, dann, weil sie sich nicht ernsthaft darum bemüht haben.«[13]

Menschen mit ihren materiellen Problemen psychologisch abzuspeisen führt dazu, dass sie sich in sich selbst zurückziehen, denn man teilt ihnen auf diese Weise mit: Ist doch dein Problem, sieh zu, wie du klarkommst, aber lass mich damit in Ruhe. Man erzeugt so Schuldgefühle bei den Betroffenen, und am schlimmsten, man erzeugt politische Ruhe und gesellschaftlichen Stillstand. Denn um zu erkennen, dass ein Missstand größere, vielleicht politische Dimensionen hat, muss ich zuerst einmal anerkennen, dass die Umstände, in dem Fall meine Lebensbedingungen, sehr wohl relevant sind für mein Befinden. Hier kann man besonders schön die Keule von Karl Marx schwingen: »Das Sein bestimmt das Bewusstsein.«[14] Er bezog diesen Satz auf das materiell-ökonomische Sein eines Menschen, das sein Bewusstsein beeinflusst. So weitete er diese Idee dann auf ein notwendiges Klassenbewusstsein aus.[15] Wenn einem jedoch stets eingeredet wird, man müsse nur optimistisch sein, während man sich seine Miete kaum noch leisten kann, weil man knapp nach Mindestlohn bezahlt wird, dann entwickelt man kein Klassenbewusstsein, sondern macht sich eben noch mehr Vorwürfe. Man arbeitet an der inneren Einstellung und an der eigenen Produktivität, trinkt seine Sorgen mit noch mehr Hagebuttentee weg, den man sich gerade noch so leisten kann, und vermittelt seinem Umfeld, dass »alles super« sei, um sich weniger für sein Leid schämen zu müssen. Die Ursachen wird man so natürlich nicht ändern, aber dafür den Status quo erhalten. Dann trifft nämlich vielmehr der alte Witz zu: Das Sein verstimmt das Bewusstsein.

Welche endgültig absurden Formen das Umdeuten der Realität annehmen kann, wenn auch noch Geld involviert ist, zeigte im Fall meiner Großmutter relativ anschaulich ein medizinischer Gutachter, der einmal kam, um ihre Pflegestufe zu bewerten. Meine Oma sagte mit schwacher Stimme: »Ich hatte ein gutes Leben, aber ich möchte jetzt nicht mehr. Ich möchte sterben.« Daraufhin notierte der Mann nur: »… hat noch zukunftsgerichtetes Denken.«

Wir inszenieren uns zu Tode

Der Schlüssel zum Glück
liegt nicht in der Suche nach Sinn.
Sondern darin, sich pausenlos
mit unwichtigem Unsinn abzulenken,
und am Ende ist man tot.
Mr Peanutbutter[1]

Häkeln Sie schon? Ich hoffe es für Sie! Wir leben in wilden Zeiten. Glücklich, wer da auch sticken und klöppeln kann! Seitdem die Positive Psychologie eine monströse Wohlfühlindustrie hervorgebracht hat, boomt die Handarbeit. Wer mit einer Angststörung oder einer mittelschweren Depression in Therapie geht, bekommt von jedem, wirklich jedem Therapeuten den Ratschlag, doch mal was Hübsches, Kleines mit den Händen zu machen. Gegen Handarbeit ist ja grundsätzlich nichts einzuwenden, auch Ergotherapie ist wichtig, aber man wundert sich schon, warum es immer für alle Bällefilzen sein muss statt zum Beispiel Flugzeugmodellbau. Und so kommt es, dass Menschen zurückgezogen vor sich hin klöppeln, häkeln, nähen, filzen, stricken, sticken, um ihre existenzielle Einsamkeit abzudämpfen. Überhaupt muss für uns alles beruhigt, weichgespült, flauschig und duftig sein. Die Welt ist ja schon komplex und düster genug, mit ihren Kriegen und ihrer Armut überall, ständig diese Horrornachrichten, puh, schnell nach Hause. Wächst uns alles über den Kopf, flüchten wir ins Private. Es ist sicher kein Zufall, dass sich Selbsthilfeliteratur nach der weltweiten Finanzkrise im Jahr 2008 besonders gut verkauft hat.[2]

Der letzte große gesellschaftliche Rückzug ins Private, ins kuschlige Nest, mit Handarbeit und Hausmusik, geschah zwischen den Jahren 1815 und 1848, vor allem unter dem Einfluss des Kaisertums Österreich. Es war die Epoche des Biedermeier, in der das aufkommende Bürgertum vom Staatswesen und der öffentlichen Politik ferngehalten wurde und seine Energien auf ästhetische Genüsse lenken sollte: auf Dichterlesungen in Salons, Theaterbesuche, Gesangsvereine, Walzertanz in Ballsälen, Landschaftsmalerei, Ausflüge in die Natur und Landpartien.[3] Eine gesellschaftliche Öffentlichkeit spielte sich allenfalls in kleinen Kreisen ab, versteckt hinter Zeitungen in den Kaffeehäusern oder im Schutz der eigenen vier Wände. Die bürgerlichen Wohnungen waren fein dekoriert mit Sekretären und Nähtischchen, die für die Lesekreise und Kammermusikabende Behaglichkeit und Gemütlichkeit ausstrahlten. Die Zeit war so spießig und so autoritär zugleich, dass Heinrich Heine und Karl Marx wegen strengster Zensur ihrer Werke auswandern mussten.

Heute ist die Idee dieser Epoche ohne autoritären Zwang, dafür mit einer ungeheuren Kaufkraft zurückgekehrt. In unserer Zeit des selbst gewählten Neobiedermeier erreicht ein ehemaliges Nischengenre von Wohlfühlzeitschriften wie *Flow* oder *Hygge* ungewöhnlich hohe Auflagen.[4] Das eine Magazin »zeichnet sich durch liebevolle Gestaltung, viele Illustrationen und eine eigene Leserinnensprache aus«, das andere ist nach Eigenauskunft das erste Magazin, das »mit ganz viel positiver Ausstrahlung und liebevoller Themenauswahl ein Wirgefühl unter den Lesern erzeugt«.

Mit ganz viel liebevoller Heiterkeit lese ich diese Beschreibungen und frage mich, wie pathologisch dieses »Mindset« auf einer Skala von »1« bis »Tassenpudding Seelenwärmer« ist. Zugegeben, Tassenpudding ist an sich keine so schlechte Erfindung. Doch auch den bekommt man nicht, ohne sich die Haare zu raufen. Auf dem umsatzstärksten Cremepudding steht: »1 Portion Gemütlichkeit« und »Schenk dir ein Lächeln ;)«. Die tatsächliche

Beschreibung: »Was für ein Tag. Jetzt mal den Moment genießen. Hmmm … mit warmem Pudding. Wie früher als Kind. Eine Portion Gemütlichkeit.«

Ganz egal, ob Pudding oder Zeitschrift, überall werden Seelenschmeichler verteilt, beruhigend tätscheln all diese Wohlfühlprodukte unsere Köpfe, alles wird gut. Dabei infantilisieren sie den Konsumenten, denn alle kindlichen Neigungen werden hier bedient: Bilder ausmalen, Kakao trinken, unter flauschige Decken kriechen und sich bunte Murmeln in diverse Körperöffnungen stecken. (Kennen Sie schon Yoni Wands aus Rosenquarz? Googeln Sie mal.) Offenbar gibt es ein großes Bedürfnis, sich in den Zustand kuscheliger Unvernunft der Kindheit zurückzuversetzen.

Hygge me much

Ein Gespenst geht um in Europa. Es gibt kein Entrinnen, und es wird auch Sie erwischen. Wenn es das nicht bereits getan hat. Es heißt »Hygge«. Hygge ist überall. Das Wort stammt vom dänischen »hyggelig«, was »gemütlich«, »angenehm«, »nett« und »gut« bedeutet, und genauso klingt es auch. Im weiteren Sinne meint es »geborgen«, »behaglich«, »im trauten Heim«, »Trost spendend«, »klein, aber fein«, »niedlich«. In den letzten vier Jahren ist es als Lifestyle-Modeerscheinung eines gemütlichen Lebensstils zu uns geschwappt.[5] Inzwischen trägt alles Mögliche das Prädikat »Hygge«, sogar die Handseife bei Lidl.

Hygge ist eine Antwort auf unsere Überforderung durch eine immer komplexere Welt. Auf ein Unwohlsein bei zu vielen Herausforderungen, die man schnell als »unerwünschte Gefühle« abspeichert. Weltpolitik, soziale Ungleichheit, Globalisierung, Klimawandel: All diese abstrakten Dinge sind groß, bedrohlich und überfordernd. Dem setzt man darum die maximale Konkretisierung entgegen: Pudding, Wolle, weiche Dinge. Sie sind schön, handlich und vor allem überschaubar.

Wie wild dokumentieren darum viele ihren Nahbereich. So sind auf Instagram die Themen erfolgreich, die eher dem Weltbild der Fünfzigerjahre entsprechen, oder eben dem Biedermeier: Essen, Mode, Schönheit, Einrichtung, Handarbeit. Um sich der Komplexität der Welt zu entziehen, wählt man aktiv die Regression. Draußen stürmt es? Bleiben Sie lieber in der Stube, und zücken Sie die überteuerten Buntstifte. Denn auf dem Totenbett sagen nur wenige: »Ich hätte gerne mehr gearbeitet.« Aber natürlich sagt jeder: »Ich hätte gern mehr ausgemalt.« Beruhigen Sie sich. Alles wird gut. Die Welt da draußen mag laut sein und schnell und gnadenlos, es toben Stürme und Kriege, aber hier drin sind Sie sicher, kommen Sie, nehmen Sie noch einen Schluck vom warmen Kakao, hier, malen Sie das Mandala aus, ja, fein.

Aber vielleicht ist ja etwas dran, schon länger beschleicht mich der Gedanke, dass Hygge vielleicht doch gut sein könnte. Also schön, denke ich und unterziehe mich einem hyggeligen Selbstexperiment.

Tag eins: Ich habe mir Wolle und Stricknadeln besorgt. Viel. Ob ich das überhaupt noch kann, frage ich mich. Außerdem natürlich diverse Sorten Edelkakao aus Ecuador und fünfzehn Paar weiche Socken zum Wechseln und vierundzwanzig Buntstifte in Pastelltönen. Dazu noch viereinhalb Kilo Tassenpudding. Man kann ja nie genug Pudding im Haus haben.

Tag zwei: Einfach schön. Ich stricke, bastle, häkle und male aus. Ich male und male. Zwischendurch Kakao. Ach, wie man so versinkt in sich, in der Kuscheldecke, hier möchte ich nie wieder raus, nichts kann mir passieren.

Tag fünf: Ich dissoziiere im Flausch. Meine Gedanken werden diffuser im Nebel. Alles ist dunstig, aber nicht unheimlich, es ist ein lieblicher, wohliger Dunst. Vielleicht habe ich den Chai-Tee zu lange auf dem Herd ziehen lassen? Na ja, egal! Alles ist relativ, die

Welt ist reine Ansichtssache. Wenn ich lächle, lächelt sie zurück! Meine Buntstifte quietschen fröhlich, ich bin fröhlich, ich häkle.

Tag sieben: Alles ist so harmonisch, ich kann kaum stehen. Ich kratze die Tapete mit meinen Nägeln kreisförmig von den Wänden. Bestimmt ist das nur die Erstverschlimmerung. Die Kratzspuren ergeben ein wunderschönes Mandalamuster! Ich male es mit Kinderkreide aus. Inzwischen habe ich Spiegelschrift wieder erlernt und male Herzen statt i-Punkte. Ich häkle weiter, tagelang, wochenlang, ich häkle dem Mann ein warmes Jäckchen und der Katze auch.

Tag achtzehn: Ich muss aufhören. Doch ich kann nicht... muss... weiterhäkeln.

Tag hundertelf: Habe das Haus eingehäkelt. Die ganze Straße ist ein Häkelnest geworden. Dreieinhalb Monate nur mit sich selber häkeln, da wird man ja bescheuert.

Lach oder stirb

Im endlosen Grau des Berliner Winters, der von Oktober bis Mai andauert, kann man schöne Tage an einer Hand abzählen, an der ein Finger fehlt. Das hat kuriose Folgen. Sobald dann auch nur ein einziges Mal die Sonne scheint, sehe ich am Abend fünfunddreißig Posts auf Social Media, wie fantastisch der Tag aller Menschen gewesen ist, von denen ich niemanden persönlich kenne.

Ach, wie hat man ihn perfekt genutzt, es war herrlich: eine Bootstour auf dem Müggelsee, ein Rave auf der Spree, die anderen waren Ponyreiten im Grunewald oder mit dem Kind im Kürbisfeld. Einfach schön! Tja, blöd, denke ich, hätte ich doch auch mal wieder ein Selfie mit meinen neuen weißen Tulpen gemacht. So denken ja die anderen, ich hätte heute gar nichts Schönes erlebt! Das kommt Ihnen bekannt vor? Sie erleben einen schönen Moment; der Blumenladen hat neue Pfingstrosen, oder im Urlaub gab es diese außergewöhnliche Vogelart zu sehen, aber Sie haben kein Foto gemacht und sich hinterher darüber geärgert. Voilà, ein ganz neuartiges Gefühl kriecht in Ihnen hoch: *digitale Schuld.*

Vor allem die unter Dreißigjährigen wachsen mit einem nagenden Druck auf, ihr Leben auf Social Media als andauernden Quell des Glücks zu inszenieren.[6] Die Sozialwissenschaftlerin Donna Freitas hat den Einfluss des Glücksdiskurses auf Studenten an US-amerikanischen Colleges und Universitäten untersucht, vor allem in den sozialen Medien.[7] Man kann davon ausgehen, dass die Ergebnisse aus den USA beispielhaft für die meisten jungen Menschen in der westlichen Welt sind. Freitas beschreibt, der Großteil ihrer Probanden habe verinnerlicht, unter allen Umständen glücklich *wirken* zu müssen, und nicht nur das, sogar »glückselig, hingerissen, mitreißend«. Denn Freitas zufolge hätten die Studierenden gelernt, dass »Anzeichen von Traurigkeit oder Verletzlichkeit mit Schweigen, Zurückweisung oder schlimmstenfalls Schikanen begegnet« werde. In ihrer Untersuchung stimmten 73 Prozent dem Satz zu: »Ich versuche, in den sozialen Medien stets positiv zu sein, wenn mein echter Name im Spiel ist.« Und noch mehr, fast 80 Prozent, stimmten der Aussage zu: »Mir ist bewusst, dass mein Name eine Marke ist, die ich sorgfältig pflegen muss.«[8] Menschen am Limit des Spätkapitalismus. Soll jetzt noch einer sagen, wir leben nicht in einer Epoche, in der Menschen sich selbst zur Ware machen und die Fabrik so verinnerlicht haben, dass sie im eigenen Gehirn existiert, um am Markt der Aufmerksamkeit zu bestehen.

In den sozialen Medien fällt die Ideologie des positiven Denkens also noch mal auf einen besonders fruchtbaren Boden. Barbara Ehrenreich untersucht diese Entwicklung seit 2010. Ihr Buch heißt übrigens *Smile or Die. Wie die Ideologie des positiven Denkens die Welt verdummt.*[9] Darin zeichnet sie nach, wie sich in den USA eine ganze »Bewusstseinsindustrie« die Taschen füllt, indem sie mit falschen Versprechungen einen »Positivitätskult« geschaffen hat, der den tief sitzenden amerikanischen Optimismus bedient.

Ehrenreich beobachtet auch, dass das Zeitalter des Positiven vom *magischen Denken* bestimmt wird, also von der Vorstellung, man könne die Dinge mit seinen Gedanken direkt verändern.[10] Das liegt auf der Hand: Wer glaubt, alles in der Welt hänge von seiner Betrachtungsweise ab, der poliert natürlich seine Gedanken auf Hochglanz, denn sie sind sein Werkzeug. Darum sind pseudowissenschaftliche Bücher, die genau das behaupten und sich mit »der Kraft des positiven Denkens« oder »dem Gesetz der Anziehung« beschäftigen, wie *The Secret,* auch so furchtbar erfolgreich.[11] Es wurde über dreißig Millionen Mal verkauft und in fünfzig Sprachen übersetzt. Eine US-amerikanische Krebspatientin behauptete sogar, sie habe ihren Brustkrebstumor mithilfe dieses Buches besiegt. Daraufhin äußerten sich Wissenschaftler, der Ansatz von *The Secret* sei gefährlich: Kranke Menschen könnten durch Verweigerung wichtiger Behandlungen sterben, wenn sie durch das Buch glaubten, sie würden keine medizinische Hilfe mehr benötigen.[12]

Als Ehrenreichs Buch vor zehn Jahren erschien, hatte sie die Macht der sozialen Medien noch gar nicht auf dem Schirm. Inzwischen boomt dort *magisches Denken* derart, dass man fast sein Glasfaserkabel durchschneiden möchte. »Everything happens for a reason« ist wohl der häufigste Satz, um sich das Schicksal schön- oder sinnhaftzureden. Alles hat einen Grund. Oft den, dass man schlechte Entscheidungen getroffen hat. Der letzte Irrsinn ist aber »Manifestation«, nach dem Prinzip: »Du musst etwas nur manifestieren, dann wird es auch Realität!« – was? Welcher auf seinem Mushroom-Trip hängen gebliebene Althippie hat sich das ausgedacht? Der Ansatz ist so stupide wie simpel: Wenn du etwas unbedingt willst und es dir regelmäßig vom Universum wünschst, wird es auch irgendwann passieren. Sehr viele Menschen glauben das tatsächlich. Es ist derselbe Aberglaube, der unsere Vorfahren dazu gebracht hat, einen Regentanz aufzuführen, in der Hoffnung, der Regengott werde dafür als Belohnung die Himmelsschleusen öffnen. Einige »manifestieren« ihren neuen Freund, eine erfolgreiche Karriere, tatsächlich schönes Wetter oder sogar ihre Gesundheit: »I manifested it!« Neulich las ich auf Instagram wieder mal: »Was du in deinem Geist visualisieren kannst, kannst du in deinen Händen halten.« Nein, hört auf damit, kannst du nicht!

Klar, wenn ich meine Aufmerksamkeit auf ein Ziel lenke und all meine Energie auf ein Projekt verwende, werde ich damit natürlich besser vorankommen, als wenn ich nicht einmal weiß, was mein Ziel ist. Aber zu glauben, man werde schwanger oder plötzlich im Lotto gewinnen, wenn man es sich nur vom Universum wünsche, ist so unendlich bescheuert, dass man gar nichts weiter dazu sagen muss.

Glück als Prestige

Soziale Medien wirken heute wie ein Brandbeschleuniger für unseren demonstrativen Glückskonsum. Wir stellen nicht mehr irgendwelche Luxuswaren zur Schau, sondern wir zeigen: Hier, guck, mein gesamtes Leben ist wahnsinnig toll. Wir kuratieren unser Zuhause, unsere Nahrungsaufnahme, unser Gesicht und unseren Urlaub bis zum Umfallen, drehen die Dinge hin, zu maximalem Glücksgefühl. Doch warum eigentlich? Soziologisch könnte man das folgendermaßen begründen: Wir begreifen Glück als eine Statusinvestition, wir investieren also in den Anschein eines abwechslungsreichen, glücklichen Lebens, um dafür Anerkennung mit Zins und Zinseszins zurückzubekommen. Diese Anerkennung können wir jetzt sogar messen[13]: mit Views, Likes und Followern, auf die das Belohnungssystem in unserem Hirn abfährt wie auf Zucker und Kokain zusammen.[14] Im Hirnscanner konnten Forscher nachweisen, dass bei einem Like das Belohnungszentrum des Gehirns, der sogenannte Nucleus accumbens aktiviert wird, eine Region, die sonst vor allem durch Essen, Geld oder Sex in die Gänge kommt.[15]

Der soziale Mechanismus des demonstrativen Glückskonsums ist derselbe, den schon Max Weber als Ethik des Protestantismus beschrieben hat.[16] Damals glaubte man, der Segen Gottes im Jenseits würde sich schon im Diesseits zeigen, nämlich durch Wohlstand. Der lustfeindliche Fleiß und der Erfolg des protestantischen Europas gehen also im Kern auf ein soziales Signal zurück: Die göttliche Gnade zeigt sich schon im Diesseits, und zwar an meinem Reichtum. In unserer heutigen gottlosen Zeit wollen wir nicht mehr auf ein zweifelhaftes Jenseits vertröstet werden und haben uns daher vollständig der irdischen Erfüllung zugewandt. Doch je größer der materielle Wohlstand in den Gesellschaften ist, desto weniger kann Geld als Abgrenzung gegenüber anderen dienen. Eine neue Währung muss her, die in einem endlichen Leben noch seltener, begrenzter und daher kostbarer ist: das persönliche Glück. Und so wird die Darstellung des Glücks heute zum Indikator für ein erfolgreiches Leben.

In der analogen Zeit war demonstrativer Konsum simpel. Große Autos und teure Uhren hatten vor allem die Funktion, sozialen Status anzuzeigen. Unterdessen war das Alltagsleben nicht sonderlich ästhetisiert. Der Strandurlaub war gut, aber nicht bombastisch. Heute basiert das glückliche Leben auf einem neuen Wertesystem. Der Wert eines »erfüllten« Lebens ist an den besonderen, singulären Erlebnismomenten ablesbar. Man könnte sagen, das Zeigen selbst hat einen Eigenwert bekommen, so wie Geld einen Eigenwert bekommt, wenn man es nur noch verwendet, um sich als reich darzustellen. Der Urlaub muss heute nicht mehr teuer sein, sondern nur sehr besonders und gerade dadurch wertvoll.

Während früher nur Titel und Wohlstand für Prestige sorgten, kommt heute noch ein *Glücksprestige* hinzu. So wie man einmal das Sonntagskleid angezogen hat, ist es heute der Instagram-Filter, den ich über mein normales Leben oder über das mittelmäßige Strandfoto in Barcelona legen kann. Sofort steigt das Glücksprestige: Oh, wie außergewöhnlich seine Urlaubsorte und ihre Motorradfahrten immer sind! Und so beziehen sich unsere Wünsche schnell nicht mehr darauf, selbst glücklich zu sein, sondern darauf, den Status eines erfüllten Lebens aufrechtzuerhalten. Viele von uns tun Dinge irgendwann *nur noch,* um sie vor anderen darzustellen. Bloggerinnen kaufen sich selbst überdimensionierte Rosensträuße zum Valentinstag, nur mit dem Ziel, online zu suggerieren, sie hätten sie vom unglaublich verliebten oder wohlsituierten Partner bekommen. Der Philosoph Slavoj Žižek hat die Abhängigkeit unseres Glücks vom »Blick des anderen« schon vor vielen Jahren erkannt. Das demonstriert er anhand eines klassischen Neunzigerjahre-Witzes: Ein Mann erleidet Schiffbruch und rettet sich auf eine einsame Insel, gemeinsam mit einer weiteren Person: Cindy Crawford. Irgendwann haben die beiden Sex miteinander. Hinterher fragt der Mann, ob sie sich bitte kurz einen Schnurrbart aufmalen kann? Sie willigt ein. Er läuft einmal um die Insel, um sie dann mit einem obszönen Grinsen anzustoßen: »Weißt du, was mir gerade passiert ist? Ich hatte Sex mit Cindy Crawford!«[17] Ein klassischer Fall von sozialem Exhibitionismus. Wenn man seine Abenteuer niemandem erzählen kann, sind sie wertlos.

Das Problem ist bloß: Nicht nur wir wollen anderen unbedingt zeigen, wie glücklich wir sind – die anderen machen dasselbe mit uns. Mit Reckwitz könnte man das in der individualisierten Arbeitswelt als »Performanz« beschreiben, die wir vor einem Publikum regelrecht »aufführen«.[18] Allerdings entsteht so eine Selbstverstärkungsspirale, die recht wenig mit Glücksgefühlen zu tun hat, sondern viel mehr mit Zwang. Und vielleicht sogar mit einer tiefen existenziellen Furcht, denn viele posten nicht nur aus Spaß daran, anderen ihr sonnengecremtes Urlaubsleben ins Gesicht zu reiben, sondern vor allem aus der Angst heraus, sonst in Vergessenheit zu geraten. Man will nicht nur mithalten, sondern am Ende auch sich selbst beweisen, dass man überhaupt noch existiert. Glücksdarstellung als Selbstvergewisserung, als ein

Proof of Life. Hier verdoppelt sich der Zwang sogar. Postet man nichts mehr, hat man nicht nur das Gefühl, die anderen denken, man würde nichts erleben, sondern plötzlich beschleicht einen auch selbst der Gedanke, man hätte nichts erlebt. Ich poste, also bin ich.

Das Paradox der Neoromantik

Das Meer rauscht, eine sanfte Brise weht durch die buschigen Wimpern, ich liege in einer handgehäkelten Hängematte und nippe an meinem schicken Pisco Sour, es ist ganz wunderbar. Doch nein, in der realen Welt hocke ich in meiner ausgebeulten Jogginghose in der Küche vor einem Stapel dreckiger Nudelteller. Ich scrolle leider nur durch Videos einer Bloggerin auf Bali. Man könnte meinen, der Bloggerin ginge es gut und mir schlecht. Dabei habe ich es eigentlich besser als sie. Denn meine Vorstellungskraft kreiert den perfekten Moment. Wenn ich ihr Foto am Pool sehe, träume ich mich in ihren Moment, in dem ich selbst dort am Pool liege, weich gebettet, entspannt – eine vollständige Immersion, und das gratis. Sie hingegen kann den Moment gar nicht genießen, weil sie die Videos machen muss, mehrfach, perfekt beleuchtet, den ganzen Tag. Sie gibt also freiwillig ihren privaten Moment des Genusses auf für Leute in Küchen und Jogginghosen wie mich. Immerhin, für mich ein perfekter Kundenservice.

Wir sind im Prinzip durch drei Erdzeitalter gegangen: das *Prä-Medialium*, das *Fotografikum* und das *Digitalium*. Im Prä-Medialium, der ersten vormedialen Phase, hat man eine Katze gesehen und fand sie einfach nur schön, man konnte den Eindruck nicht mit anderen über Entfernungen teilen. In der zweiten Phase, dem Fotografikum, fand man die Katze schön und konnte ein Foto von ihr machen, um den Eindruck mit anderen zu teilen. Heute, im Digitalium, sind wir in der letzten Stufe: Wir wissen genau, die anderen werden die Katze schön finden und wollen sie *nur noch* zeigen, ohne uns selbst an der Schönheit der Katze zu erfreuen. Weil Genuss so wichtig geworden ist, dass wir ihn stets mitteilen müssen, nehmen wir ihn uns dadurch selbst.

So schlittert man in einen seltsamen Lebensmodus der Entfremdung, als würde man stets mit dem Blick eines Touristen auf sein eigenes Leben blicken. Den besonderen Moment, den Sonnenuntergang nur für sich, gibt es dann nicht mehr. Das Zeigen des Glücks ist so tief in unser Hirn eingesickert, dass alles auf Darstellbarkeit hin geprüft wird.

Man muss sich klarmachen, wie absurd das eigentlich ist. Im Extremfall fahren Leute nicht mehr zu den Iguazú-Wasserfällen, um ein Naturschauspiel zu erleben und voller Ehrfurcht auf die Größe und Gewalt der Wassermassen zu blicken, sondern nur noch, um ein Beweisfoto davon zu machen, dass sie dort einen aufregenden Moment erlebt haben. Das Paradox dabei ist: Der besondere Moment war niemals da, weil die Person ja das Beweisfoto machen musste. Viele Reiseziele werden nur noch zu Instagram-Orten, an denen die Leute für das eine tolle Foto Schlange stehen. Denken Sie etwa an den weißen Strand von *The Beach* in Thailand oder den Sonnenuntergang auf Santorini. All diese gern genutzten Hashtags wie »Beauty« und »Magic« werden gerade dadurch bedeutungslos, dass es in der Warteschlange gar nicht zum magischen Moment kommen kann: »Paul, hast du die Sonnencreme dabei? Stell doch schon mal das Stativ richtig auf, warum wackelt es denn so, Mann, ist das heiß!«

So geht es oft nur noch um das bloße Abbild von den Dingen, um deren Hülle. Ähnlich wie in Platons *Höhlengleichnis*. In diesem Gedankenspiel sind die Menschen in einer Höhle gefangen und sehen nur Schatten an der Wand, aber nicht mehr die echten Dinge hinter ihnen, die die Ursachen dieser Schatten sind. Platon meint, was wir sehen, sind nur Abbilder, nicht die eigentlichen »Urbilder«.[19] Heute ist es da ähnlich. Übertragen auf Instagram bedeutet das: Fotos sind die neuen Schattenbilder – und die eigentlichen Dinge haben wir längst aus den Augen verloren.

Dabei ist es paradoxerweise gerade die romantisierte Vorstellung des glücklichen Lebens, die medial so erfolgreich ist und die uns universell zu gefallen scheint. In der Epoche der Romantik hat man sich zum ersten Mal intensiv mit seinen Gefühlen und seiner Innenschau beschäftigt und Momente der Innigkeit verehrt.[20] Die heutige mediale Glücksdarstellung wirkt auf den ersten Blick wie eine Neuauflage dieser Epoche: Sonnenuntergänge, Naturerlebnisse, Rückenfiguren, Partnerschaft und familiäres Glück.

Doch der heutige Lebensmodus der andauernden Suche nach beeindruckenden Motiven verkehrt die Idee der Romantik genau ins Gegenteil. In unserer Neoromantik wird der besondere, innige Moment zum gezeigten Moment. Und dieses Zeigen der Innigkeit ist somit nichts weiter als eine Äußerlichkeit.

Es heißt, vor allem die Jüngeren unter den Digital Natives suchten nur nach dem Kick und seien auf *Sensation Seeking* aus.[21] Tatsächlich ist das eher ein Sonderfall eines allgemeineren Phänomens, nämlich eines neuen *Happiness Seeking*. Und das lockt auch nicht nur die unter Dreißigjährigen, sondern die meisten, die ein Smartphone haben. Wir leben im Zeitalter des großen Bildbeweises. Das Neue, das Besondere, das Aufregende ist gut. Fotos und Filme zeigen, wie spannend unser Leben ist. Nie zuvor gab es so viele Freiheiten und Möglichkeiten, Dinge in abenteuerlichen und wunderschönen Gegenden zu tun – und es andere auch wissen zu lassen. Und weil es ein Zelebrieren des guten Gefühls und des Wohlgefallens ist, wird online das Romantik-Vokabular des Staunens und der Rührung genutzt: »Gänsehaut«, »Herzklopfen«, »magisch«, »wow!«.

Dabei geht es allerdings nicht um komplexe ästhetische Emotionen, nicht um das, was in der Epoche der Romantik angestrebt wurde. Denn die Erlebnisse sind auf den positiven Restbestand zusammengeschrumpft. Der »negative« Teil der Emotionen wird einfach herausgekürzt. Die Gefühle sind entkernt, sie fühlen sich »irgendwie gut« an und werden darum auch gezeigt.

Doch viele unserer Emotionen sind eigentlich komplexe und ambivalente Gefühlsmischungen. Negative Elemente wie Angst oder Einsamkeit sind oft Teil vielschichtiger Affekte, wie zum Beispiel das Gefühl der Rührung eine Melange aus Traurigkeit und Glück ist. In der Epoche der Romantik war gerade diese Mehrdeutigkeit unserer Gefühle ein zentrales Thema. In der Neoromantik auf Instagram werden Gefühle aber versatzstückartig verwendet: Hashtag #Gänsehaut soll immer positiv sein, ist aber eigentlich eine Mischung aus Furcht und Glück. Statt des ambivalenten Gefühls der Erhabenheit, das die Romantiker verehrten, nämlich eine Mischung aus Wohlgefallen, Schönheit und Angst, bleibt so nur der schale Kern des Positiven.

Mit fünfzehn ging ich einmal nachts im Meer schwimmen. Es war stockfinster, das Meer war schwarz, der Himmel war schwarz, man konnte nur die Sterne sehen. Ich war allein und versank im ewigen Meer und in den Sternen, im Himmel, denn man konnte keine Grenze am Horizont mehr sehen. Unter mir das gähnende Nichts und über mir das gähnende Nichts. Eine riesige Tiefe in beide Richtungen, und ich schwebte dazwischen im endlosen Schwarz. Alles kam mir auf einmal gewaltig und riesig vor, und ich schwamm darin wie ein winziges Sandkorn. Ich erschauderte, mir wurde kalt, und eine große Beklommenheit kroch an mir hoch. Schnell sah ich zu, dass ich wieder ans Ufer kam.

Bei Caspar David Friedrich schauen die Rückenfiguren in die Ferne – und bei diesem Blick färbt sich das Erlebnis der Naturschönheit mit einer Melancholie der Endlichkeit. Hier mischt sich ein Freiheitsgefühl mit dem Gefühl der Ohnmacht, das man Friedrich Schiller zufolge als das *Erhabene* beschreiben könnte: die Weite und Offenheit auf der einen und das Unbeherrschbare, Gewaltige auf der anderen Seite.[22] Bei meinem Erlebnis war viel Angst im Gefühlsgemisch. Hätte jemand das im medialen Glücksdiskurs dargestellt, wäre die Angst aber gelöscht worden, geblieben wäre nur noch #Gänsehaut, ohne die dunklen Komponenten. Und obwohl doch online alles aufregend aussehen soll, bleiben am Ende nur ein entkerntes Erleben und eine Gefühlswelt, der es an Komplexität und Tiefe fehlt.

Übrig bleibt natürlich die Frage, was mit einer Gesellschaft passiert, in der jeder denkt, er müsse am Markt des Glücks bestehen, und damit beschäftigt ist, anderen seinen Happy-Face-Pappaufsteller ins Gesicht zu drücken.

Diese Inszenierung beansprucht Zeit und Energie. Sie mag vielleicht von der Sorge stammen, für andere nicht glücklich genug zu wirken. Am Ende ist es trotzdem ein Rotieren in der eigenen kleinen Umlaufbahn – und begünstigt so eine neue Religion des Selbst, die niemandem guttut. Denn sie führt dazu, dass jeder sich beschäftigt zurückzieht, dadurch eine ganz neue Erschöpfung erlebt und vor lauter digitalem Narzissmus das echte Gemeinschaftsgefühl verliert.

#Gänsehaut.

Nein, du kannst nicht alles schaffen, wenn du genug an dich glaubst

Ich bin verantwortlich für mein eigenes Glück? Ich schaffe es nicht mal,
für mein eigenes Frühstück verantwortlich zu sein!

BoJack Horseman[1]

Master of the Universe

Eines sonnigen Tages im Jahr 2004 vergaß der CDU-Politiker
Friedrich Merz seinen Laptop an einem Taxistand am Berliner
Ostbahnhof.[2] Durch eine glückliche Fügung fand der obdachlose
Straßenzeitungsverkäufer Enrico J. das Gerät. Darauf waren ver-
trauliche Daten der Bundesregierung gespeichert, unter anderem
die Handynummern von Gerhard Schröder und Angela Merkel.
Der Laptop wäre auf dem Schwarzmarkt sehr viel wert gewesen.
Doch der Finder gab den Laptop beim Bundesgrenzschutz ab und
hinterließ die Adresse der Obdachlosenhilfe. Einen Monat spä-
ter bedankte sich Merz mit einer großzügigen Summe und mit
Pauken und Trompeten. Dachten Sie! Aber nicht Friedrich Merz.
Ihm fiel etwas Stilvolleres ein. Er schickte sein gerade erschiene-
nes Buch an die Obdachlosenhilfe, versehen mit einer Widmung:
»Vielen Dank an den ehrlichen Finder«. Enrico J. warf das Buch
in die Spree. Ein schönes Detail gibt es aber noch. Der Buchtitel
lautete nämlich: *Nur wer sich ändert, wird bestehen. Vom Ende der
Wohlstandsillusion – Kursbestimmung für unsere Zukunft.*[3] Kann
man sich nicht ausdenken.

Dieses Trauerspiel in drei Akten zeigt nicht nur eindrucksvoll die Respektlosigkeit oder manchmal sogar Verachtung, mit der viele Reiche noch immer armen Menschen begegnen. Als Gewinner des Systems blicken sie auf die Verlierer herab. Dass Merz dazu noch die Nerven hatte, ein Buch mit einem solchen Titel an die Obdachlosenhilfe zu schicken, ist außerdem sinnbildlich für eine Zeit, in der Scheitern und Leid, ebenso wie Erfolg, stark individualisiert werden: Obdachlos? Nicht genug angestrengt!

Das Märchen von der Leistung

Wer Menschen einteilt in diejenigen, die es mit ihrer persönlichen Einstellung und Anstrengung »gesellschaftlich geschafft« oder eben »nicht geschafft« haben, der blickt auch oft auf vermeintliche Verlierer herab. Beide Phänomene sind Seiten der gleichen Medaille, nämlich der Meritokratie. Sie ist die liebste Erzählung des Spätkapitalismus, denn sie besagt: Jeder ist ganz allein für sein Schicksal verantwortlich und bekommt die gesellschaftliche Position, die er sich aus eigener Kraft verdient hat. Kurz: Jeder kann alles schaffen, wenn er nur genug an sich glaubt. Es ist das Credo der Leistungsgesellschaft mit ihrer Ethik des Erfolgs. Was einem Erbe der christlichen Ethik entspringt (man denke kurz an Max Webers protestantische Ethik zurück: Gottes Segen zeige sich im Erfolg auf Erden) und vielleicht in der Theorie gerecht erscheint, führt aber in der heutigen Umsetzung zu ziemlich großen Problemen. Denn die Leistungsgesellschaft sorgt für Ungleichheit und gesellschaftliche Spannungen. Das ist jedenfalls die These vieler, unter anderem des Moralphilosophen Michael J. Sandel. In seinem Buch *Vom Ende des Gemeinwohls* beschreibt er, wie die Meritokratie zur Tyrannei der Leistung und des Verdienens führt, während die Solidarität in der Gesellschaft schwindet und so das Gemeinwohl bedroht.[4] Die Überzeugung »Das habe ich mir ja wohl verdient!« spaltet eher, als dass sie verbindet. So haben etwa

US-amerikanische CEOs in den 1970er-Jahren dreißigmal mehr verdient als der durchschnittliche Arbeiter. Im Jahr 2014 haben sie das Dreihundertfache (!) erhalten. Natürlich muss man einwenden, dass das Sozial- und Bildungssystem in den USA weniger gerecht ist und die Ungleichheit viel höher als in Europa. Doch im Vergleich lassen wir uns gar nicht so sehr lumpen. In Deutschland verdienten CEOs im Jahr 2013 etwa 147-mal mehr als ein durchschnittlicher Arbeiter.[5] Auch die soziale Durchlässigkeit, also ob jemand aus eigener Kraft überhaupt aufsteigen kann, ist in Deutschland im Vergleich mit anderen OECD-Ländern ziemlich schlecht. Es dauert im Mittel ganze sechs Generationen, bis Kinder einer armen Familie in Deutschland das Durchschnittseinkommen erreichen. Zum Vergleich, in Dänemark sind es nur zwei Generationen.[6] Der OECD-Durchschnitt liegt bei 4,5 Generationen. Das heißt, auch im Jahr 2021 entscheidet in Deutschland noch immer das Elternhaus über die Aufstiegschancen eines Menschen.

Vor allem die Profiteure dieses Märchens der Leistungsgesellschaft, also die oberen Schichten, rechtfertigen damit ihre Position gern vor sich selbst.[7] Menschen, die es finanziell gut getroffen haben, klopfen sich oft auf die Schulter und reden sich ein, dass sie ihren Wohlstand ja völlig verdient hätten, sie haben eben härter als alle anderen gearbeitet! Wissenschaftliche Untersuchungen zeigen aber, dass reiche Menschen übermäßig selbstbewusst sind, sich für bessere Menschen halten und ihren eigenen Beitrag zum Erfolg maßlos überschätzen.[8] Wenn mal etwas schiefläuft, liegt es an den anderen, nach dem Prinzip: Erfolg individualisieren, Misserfolg kollektivieren.

Und so wird eine Gesellschaft unsolidarisch. Die Lebensumstände, die völlig unterschiedlichen und ungerechten Startbedingungen und Chancen eines Menschen aufgrund seiner ethnischen Zugehörigkeit, sozialen Schicht oder seines Geschlechts zum Beispiel (also *race, class* und *gender*), werden dabei – Überraschung – völlig ausgeblendet. Klassismus und Armutsdiskriminierung gehören zum blinden Fleck der Leistungsgesellschaft. Schwächere und Ausgegrenzte hätten sich ihre Lage eben selbst eingebrockt.[9] Die Gleichsetzung von »obdachlos = nicht genug am Markt angestrengt« folgt einem genauso fatalen Fehlschluss wie »sexuell belästigt = zu kurzen Rock getragen«. Leid wird so zu einem persönlichen Stigma, das suggeriert, der Leidtragende hätte immer die individuelle Wahl gehabt – und dann versagt.

Die Glücksformel

Wie konnte es so weit kommen, dass uns seit zwei Jahrzehnten auf jedem Jutebeutel dieses »Du kannst alles sein, wenn du es nur willst« begegnet? Einen Teil der Antwort findet man in der Positiven Psychologie, die wie maßgeschneidert in unsere neoliberale Gesellschaft passt, weil sie eben vor etwa zwanzig Jahren die perfekte Theorie nachlieferte.

Der Begründer der Positiven Psychologie, Martin Seligman, hat seit 1998 eine sehr gute Zeit. Höchstpersönlich baute er an seiner Uni in Pennsylvania im Jahr 2001 das Positive Psychology Center aus. Gefördert wurde es mit Forschungsmillionen, vor allem von konservativen Stiftungen. Hier traf Motivationspsychologie auf neoliberales Weltbild, und es war ein *match made in heaven* (oder *hell*, wie man es nimmt). Seligman behauptet nämlich, er habe so etwas wie die Weltformel, na ja, jedenfalls »die Glücksformel« gefunden. Wie gut, dass »Glück« seitdem kein vager und vieldeutiger Begriff mehr ist, nein, Glück ist nun messbar. Seligmans Glücksformel lautet »H = S+C+V«.[10]

Was nach Chemie oder einem Fußballverein klingt, soll aber nur sagen: Glück ist gleich genetische Voreinstellung plus Umstände plus willentliche Kontrolle *(happiness = genetic set point + circumstances + voluntary control),* und zwar in einer Aufteilung von 50, 10, 40. Also die Hälfte sei Genetik, ein Zehntel Schicksal, und der Rest liege in unserer eigenen Hand. Moment, also ganze 40 Prozent! Diese Präzision klingt in Ihren Ohren bizarr? Ist sie auch. Zwar ist die Hälfte vieler unserer geistigen Fähigkeiten wie etwa Intelligenz tatsächlich genetisch bestimmt, da ist sich die Forschung einig.[11] Doch für das Glücksempfinden ist das überhaupt noch nicht belegt. Auch die anderen beiden Zahlen sind vollkommen aus der Luft gegriffen. Selbst ob ein höchst subjektiver Begriff wie »Glück« überhaupt präzise messbar ist, bleibt umstritten.[12] Seligman will vor allem suggerieren, dass das persönliche Glück zu einem erheblichen Teil eine Entscheidung ist. Das passt natürlich zu seiner Agenda. Wäre es nicht so, würde sich die Arbeit am Selbst ja auch nicht lohnen. Die vermeintliche Genauigkeit der Zahlen ist aber Blödsinn, wie ein aktuelles Forschungspapier zeigt.[13] Darin kommen die Autoren zu dem Schluss, dass langfristiges Glück allenfalls zu fünf Prozent von willentlichen Entscheidungen abhängt. Wer am Ende richtig liegt, ist noch nicht ausgemacht, aber die Streuung ist so erheblich, dass man an Seligmans Agenda zweifeln darf. So warnt zum Beispiel Barbara Ehrenreich, dass »die Glücksformel die Rolle der äußeren Umstände für das menschliche Glück systematisch herunterspielt«.[14] Weil wir aber die Botschaft »Optimismus kann man lernen« so gerne hören und sie für alle so passend ist, haben auch Bücher und Zeitschriften, Kurse und Workshops den Seligman-Sound übernommen.

Zum Großteil liegt der riesige Erfolg der Positiven Psychologie auch an deren vermögender Lobby, die regelrechte Schwergeschütze aufgefahren hat. Neben der konservativ-neoliberalen John Templeton Foundation, die immer wieder mehrere Millionen für Seligmans Glücksforschung beisteuerte (2,2 Millionen im Jahr 2001 und noch mal 5,8 Millionen 2009[15]), gibt es weitere interessante Geldgeber.[16] So finanzierte zum Beispiel der Coca-Cola-Konzern Seligmans Forschung, Illouz zufolge auch in der Hoffnung, die Positive Psychologie werde »kostengünstige und leistungsfähige Methoden entwickeln, um die Produktivität zu steigern, arbeitsbedingte Stress- und Angstzustände abzubauen«.[17] Da bekommt der Coca-Cola-Slogan »Open Happiness«, auf Deutsch »Mach dir Freude auf« (jawohl), einen ganz neuen Beigeschmack. Auch an den Universitäten hat sich die Positive Psychologie ausgebreitet: An der Universität Harvard ist der Kurs zur Positiven Psychologie der bestbesuchte in der Geschichte der Eliteuniversität.[18] Seligman selbst berechnet pro Optimismus-Vortrag übrigens 30.000 Dollar.[19] Für sein Wohlbefinden ist also jedenfalls gesorgt.

Währenddessen haben sich seine Thesen in unseren Köpfen festgesetzt. Der Wohlfühl-Zeitgeist mit neuem Interesse an Yoga und Meditation tat sein Übriges, und die Finanzkrise von 2008 hat, wie gesagt, zu einem endgültigen Boom an Beratungsliteratur geführt. In unsicheren Krisenzeiten vertraut und investiert man am besten nur noch in sich selbst. Denn nur die beste Version deines Selbst wird am unsicheren Markt bestehen! Diese Unsicherheit kurbelt nicht nur die eigene Leistungsfähigkeit an, sondern praktischerweise auch die ganze Konsumindustrie. Wir sind überzeugt: »Mindset« ist alles. Und für das Glück und unseren sozialen Aufstieg brauchen wir eben zahlreiche Dinge! Yogamatten und Sportschuhe und Messgeräte und Trinkflaschen und Halbedelsteine, aber auch Diätpulver und Shakes und jede Menge anderen Humbug. Frage: Wie viele Fliegen kann man mit einer Klappe schlagen? Positive Psychologie: Ja!

Dabei ist diese Aschenputtel-Aufstiegserzählung auch die Quintessenz aller Disneyfilme, mit denen ganze Generationen aufwachsen; und sie ist eine sehr mächtige Augenwischerei. Hollywood erzählt sie immer wieder aufs Neue: vom Pizzaboten zum Hedgefondsmanager. Diese uramerikanische Überzeugung, einfach alles zu schaffen, wenn man es nur will, *rise from rags to riches*, ist sogar in der Verfassung der Vereinigten Staaten verankert. Nirgendwo sonst in der Welt geht es in einer Staatsverfassung um »The Pursuit of Happiness«, also um das Streben nach Glück.[20]

Max Horkheimer und Theodor Adorno kritisierten schon 1944 in ihrem Klassiker *Dialektik der Aufklärung* die Kulturindustrie des Spätkapitalismus als »Massenbetrug«: Sie würde nur die bestehenden kapitalistischen Herrschaftsverhältnisse stabilisieren.[21] Spielfilme, Fernsehshows und Hochglanzmagazine seien Teil einer »Vergnügungsindustrie«, die uns einlullt, ablenkt und ruhigstellt, denn: »Vergnügt sein heißt einverstanden sein.«[22] Laut Horkheimer und Adorno lässt sich der Held in Hollywood (bis vor Kurzem grundsätzlich ein Mann) nie unterkriegen, macht immer weiter. Er zweifelt in einigen Augenblicken vielleicht an sich, aber niemals am System. Und Spielshows hätten vor allem den Auftrag zu zeigen: Jeder kann es schaffen, auch du! Alle anderen würden damit in ihrer Hoffnung hingehalten, sie sollten es glauben. Gerade für die Erfolglosen flimmere dieser »Mythos des Erfolgs« wie eine ewig unerreichbare Fata Morgana am Horizont. Die Vergnügungsindustrie kontrolliere unser Handeln genau dadurch, dass sie systemverändernde oder gar revolutionäre Wünsche unterdrücke, indem sie uns stattdessen immer neue Konsumwünsche präsentiere, sozusagen als fahlen Ersatz.

Auch Walt Disney bekommt sein Fett weg: Er sei »der gefährlichste Mann in Amerika«.[23] Nun ja. Sicher stimmt es, dass in klassischen Disneyfilmen ständig die Aufstiegsgeschichten der Protagonisten gezeigt werden, um die Zuschauer bei Laune zu halten. Das Hausmädchen wird vom Prinzen geheiratet, oder jemand findet einen riesigen Piratenschatz. Übrigens sind es natürlich immer die mit dem guten Herzen, die den späteren Reichtum moralisch auch verdient haben. Auch so kann man den Traum der Leistungsgesellschaft aufpolieren.

Allerdings ist die Kulturkritik inzwischen in der Unterhaltungsindustrie angekommen. In den *Writer's Rooms* der Produktionsfirmen sitzen die Absolventen von Harvard und Stanford, die in ihren Seminaren selbst Adorno, Foucault und Judith Butler gelesen haben. Auch deshalb sind so viele Serien und Filme heute kritischer, als es sich Adorno und Horkheimer damals vorstellen konnten. Außerdem muss man einwenden: Die beiden kannten noch nicht die Filme *Ratatouille* (eine Ratte wird Chefkoch in Paris), *Soul* (ein Musiker im Koma erfährt Dinge zur menschlichen Existenz) oder *Coco* (ein Junge geht ins Totenreich, um seinen Vater zu finden). Bei *Soul*, in dem der Held ein Jazzmusiker ist, hätte Adorno ohnehin einen Schluckauf bekommen.

Das dialektische Duo hat aber trotzdem recht, nur werden die Aufstiegsfantasien heute meist woanders ausgelebt. Statt Cinderella-Storys oder Glücksradgewinnern wabern heute ganz neue Verheißungen im digitalen Raum herum: Jeder normale Mensch könnte Influencer, TikTok-Star oder YouTuber werden. Inzwischen möchten mehr Schulkinder YouTuber werden als Astronaut.[24] Auch wenn das am Ende oft nicht viel mehr heißt, als sich in eine fleischgewordene Dauerwerbefläche zu verwandeln. Was für ein Stress. Als Heidi K. eines Morgens aus unruhigen Träumen erwachte, fand sie sich in ihrem Bett zu einer ungeheuren Reklametafel verwandelt, wohl deshalb, weil sie so sehr an sich geglaubt hatte.

Baby, der Markt regelt

Die Erzählung von der Leistungsgesellschaft gehört zum neoliberalen Wirtschaftssystem wie die Faust ins Gesicht. Die Legende, nach der jeder das bekommt, was er aus eigenen Stücken verdient, ist so praktisch, man kann sagen: Sie ist einfach ideal. Während immer mehr Verantwortung auf das Individuum verlagert wird, kann sich der Sozialstaat, das scheue Reh, immer ein Stückchen weiter aus der Verantwortung zurückziehen.[25] Grundlegende Dinge wie Daseinsvorsorge werden so mehr und mehr der Privatwirtschaft überlassen, betrachtet man zum Beispiel die wachsende

Privatisierung von Krankenhäusern und Schulen. Den Kommunen fehlt eben das Geld. Seit der Reagan- und Thatcher-Ära in den 1980er-Jahren hat sich die radikale Befreiung der Märkte als neoliberale Politik in den westlichen Ländern immer weiter durchgesetzt. Das Credo lautete: Deregulierung, Flexibilisierung und ein schlanker Staat. Der Grundgedanke des Neoliberalismus ist, »den Markt dem Staat als Mittel zur Lösung von Problemen vorzuziehen«, sagt der britische Soziologe Colin Crouch.[26] Kurz: Der Markt regelt![27]

Die Kritik daran ist natürlich groß. Noam Chomsky, einer der einflussreichsten Intellektuellen unserer Zeit, ist auch einer der berühmtesten Kritiker des Neoliberalismus. In seinem Buch *Profit over People*[28] zeigt er, dass der Neoliberalismus dazu führt, dass sich wenige Privilegierte auf Kosten der Mehrheit bereichern können. Private Akteure, wie große Konzerne und Kartelle, würden durch ihre enorme Marktmacht die US-amerikanische Demokratie untergraben. Auch der Soziologe Colin Crouch warnt: »Je mehr sich der Staat aus der Fürsorge für das Leben der normalen Menschen zurückzieht und zulässt, dass diese in politische Apathie versinken, desto leichter können Wirtschaftsverbände ihn – mehr oder minder unbemerkt – zu einem Selbstbedienungsladen machen.«[29] Politische Gleichgültigkeit geht mit Konsum als Ablenkung einher, so Chomsky. Shopping als die Antwort auf alle Fragen unserer Zeit.[30]

Dass die soziale Ungleichheit seit den 1980er-Jahren weltweit gewachsen ist, zeigt auch der französische Ökonom Thomas Piketty. Die reichsten ein Prozent der Weltbevölkerung haben ihr Einkommen mehr als verdoppelt (sie besitzen inzwischen mehr als die Hälfte des weltweiten Privatvermögens)[31], während die Mittelklasse kaum vom wirtschaftlichen Aufschwung profitieren konnte.[32] Und das auch in Deutschland. Kurz: Die Reichen werden immer reicher. Die Ursache dafür sieht Piketty in der wachsenden Privatisierung. Riesige Mengen öffentlichen Vermögens sind ab den Achtzigern privatisiert worden. »Dadurch verringert sich der Spielraum der Regierungen, der Ungleichheit entgegenzuwirken«, heißt es in seiner Studie.[33]

Stichwort »Selbstbedienungsladen«: In Deutschland zeigt sich die wachsende Privatisierung besonders deutlich am Auslagern staatlicher Aufgaben an private Beraterfirmen. Unter Gerhard Schröder beauftragte Verteidigungsminister Peter Struck im Jahr 2003 die Unternehmensberatung Roland Berger in Millionenhöhe, um die Verwaltung in seinem Ministerium zu verbessern. Ein Jahr später wurde Roland Berger mit Aufgaben der Bundesarbeitsagentur betraut, die die Mitarbeiter der Arbeitsagentur zum Großteil selbst hätten bearbeiten können (und die dafür bereits mit Steuergeldern bezahlt wurden).[34]

Noch vor einigen Jahren vergab das Verteidigungsministerium unter Ursula von der Leyen hoch dotierte Beraufträge an McKinsey: 20 Millionen Euro sollen innerhalb weniger Jahre geflossen sein. Das Wehrressort gab 2019 fast 155 Millionen Euro für externe Berater aus, so viel wie kein anderes Ministerium.[35]

Die wachsende Privatisierung hat inzwischen auch die Kitas und Schulen erreicht. Kitas von »freien Trägern« sind zum Beispiel nicht an Tarife gebunden und dürfen ihren Mitarbeitern geringere Löhne zahlen. Teure Privatschulen wiederum können die Lehrer mit kleinen Klassenstärken anwerben und schaffen iPads an, während es in einigen staatlichen Schulen in die Turnhallen regnet. In den USA ist diese Entwicklung des öffentlichen Kaputtsparens noch extremer. Ein Beispiel ist der landesweite Zugverkehr; die Waggons sehen teilweise aus wie aus dem Zweiten Weltkrieg. Chomskys nüchterne Diagnose dazu lautet: »Es gibt eine Standardtechnik der Privatisierung, nämlich: Die (staatliche) Finanzierung entziehen, dann funktionieren die Dinge nicht mehr, die Leute werden wütend und wollen eine Veränderung, und dann übergibt man es an privates Kapital. Und dann werden die Dinge noch schlimmer.«[36]

Bei der Mehrheit der Bevölkerung tröpfelte in den letzten Jahrzehnten die Marktmentalität immer weiter ein, und das bis in die Poren.[37] Man glaubte, auch für die Dinge verantwortlich zu sein, für die eigentlich ein Sozialstaat zuständig ist. Das betrifft nicht nur faire Arbeitsbedingungen, sondern viele weitere grundlegende Bereiche, wie den Zugang zu guter Bildung für alle, statt nur an Privatschulen, oder eine angemessene Gesundheitsversorgung für alle, statt nur für Privatversicherte. Zwar ist es in Deutschland noch nicht so drastisch wie in den USA, doch eine Tendenz in diese Richtung zeichnet sich ab – dabei übersehen wir oft, welchen Vorteil unsere öffentlichen Güter haben. Aber in der neoliberalen Weltsicht wird Arbeit zunehmend eine Frage der individuellen Hands-on-Mentalität, Bildung eine Frage des persönlichen Talents und Gesundheit eine Frage des eigenen Lebensstils.[38]

Während der Corona-Impfkampagne konnte man das gut sehen, als die Impfpriorisierung aufgehoben wurde. Wie, Sie sind noch immer nicht geimpft? Tja, los, los, Eigenverantwortung, kümmern Sie sich, organisieren Sie sich eben besser, wenn Sie nicht am Virus sterben wollen!

Ein anderes Beispiel zum Thema Eigenheim las ich neulich auf Twitter: »Es war nie so leicht (ein Haus zu bauen) wie heute! Ihr schafft das auch! Jeder Mensch besitzt ein Talent, das es nur zu entdecken gilt, Zuversicht!« Talking about Realitätsverlust. Nein, Ronald, kaum jemand kann sich heute noch ein Haus bauen, der nicht geerbt oder vor fünf Jahren in Bitcoins investiert hat, da hilft auch irgendein Talent nicht weiter. Und wer aus dem Osten kommt, der erbt sowieso schon mal so gut wie gar nichts.[39]

Als kurze Klarstellung: Natürlich soll es hier nicht darum gehen, dass niemand sich verbessern darf oder dass individuelle Anstrengung nicht auch belohnt werden soll, das ist klar. Die gerösteten Datteln flattern niemandem einfach so in den Mund. Natürlich sind wir auch selbst für unser Leben verantwortlich. Und sicher, wer sich anstrengt, wird gegenüber seinem trägen eineiigen Zwilling innerhalb seines Möglichkeitskorridors auch erfolgreicher sein. Aber es ist Augenwischerei, von gleichen Ausgangsbedingungen auszugehen. Privilegierte Menschen haben von vornherein einen viel weiteren Korridor an Möglichkeiten – man könnte sagen, eine ganze Flughafenhalle. Nur weil jeder, der »es geschafft hat«, sich angestrengt hat, gilt nicht der Umkehrschluss, dass jeder, der sich anstrengt, auch Erfolg haben wird. Die, die es in unserer Gesellschaft »nicht geschafft« haben, werden aber oft abgekanzelt als diejenigen, die nicht resilient genug sind oder deren Wille einfach nicht groß genug war.

Und sicher, »Eigenverantwortung« klingt immer gut, und am allerbesten, wenn man alle notwendigen Startbedingungen hat. »Eigenverantwortung« ist aber auch zu einem politischen Kampfbegriff geworden, um wachsende Ungleichheit dem Einzelnen in die Schuhe zu schieben. Je mehr sozialer Abstieg mit persönlichem Versagen begründet wird, desto größer wird die Angst vor der Not und damit der Zwang zur eigenen Opferbereitschaft.

In meiner Kindheit und Jugend war es zeitweise finanziell sehr knapp. Und das, obwohl meine Eltern Hochschulbildung haben, obwohl sie sich »angestrengt« haben und obwohl sie es »genug gewollt« haben. Notlagen können Menschen treffen, die sich wenig vorzuwerfen haben, auch »gute Bürger«, es ist keine Frage von starkem Willen. Etwa, wenn ein ganzes Land untergeht, in unserem Fall die DDR, und plötzlich in ein anderes überführt wird, wenn dabei Berufe, Karrieren und Lebensläufe einfach verloren gehen, man sich radikal umorientieren muss. Und wenn dann an all dem großen Chaos noch die Familie zerbricht, was in so vielen Fällen in Ostdeutschland passiert ist, dann liegt das nicht allein in der Hand des Einzelnen.[40] Es ist kein privates Versagen. Die Ursachen sind größer und komplexer. Alleinerziehende Mütter strengen sich sehr wohl an, ihre Kinder durchzubringen, wahrscheinlich so sehr wie sonst kaum eine gesellschaftliche Gruppe, die Liebe und die Sorge bringen sie an ihre Grenzen der Erschöpfung, und es ist mehr als zynisch, ihnen zu sagen: »Du kannst alles schaffen, wenn du es nur wirklich willst!« Nein. Das ist eine Ohrfeige für alle, die sich täglich Arme und Beine ausreißen. Es ist respektlos und falsch. Und nicht umsonst tragen Alleinerziehende mit das höchste Armutsrisiko, es ist mit 42,7 Prozent mehr als doppelt so hoch als im Durchschnitt der Bevölkerung.[41] Übrigens ist in Deutschland derzeit fast jedes fünfte Kind von Armut bedroht.[42] Das ist eine deutlich schlechtere Quote als in vergleichbar wohlhabenden Industrieländern.[43]

Doch der Spruch von »wenn du es nur wirklich willst« zieht sich weiter durchs Leben. Wenn man sich ein Studium eigentlich von vornherein kaum leisten kann, weil man natürlich nicht jeden Monat irgendwelche Summen von den Eltern bekommt und das BAföG nebenbei mit Kellnern aufstockt, schafft man dazu nicht noch dreißig unbezahlte Praktika, die den Lebenslauf veredeln. Nein, auch nicht, wenn man es nur wirklich richtig doll will! Ich habe das selbst lange geglaubt, oft gedacht, ich müsste eben noch produktiver sein, um dann noch sparsamer zu leben. Irgendwann war ich erschöpft und hoffnungslos und holte mir bei einer Therapeutin Rat, nur um dort zu hören, ich solle positiv denken und meine Perspektive ändern, dankbar sein, ein Glückstagebuch führen.[44] Erst viel später habe ich verstanden, wie politisch und mächtig diese Forderung des »Nur-genug-Wollens« wirklich ist. Ja, natürlich darf man die Hoffnung nicht aufgeben, und sicher stirbt sie auch zuletzt, aber manchmal stirbt sie eben trotzdem. Einige kommen nie aus der prekären Spirale heraus, obwohl sie sich die allergrößte Mühe geben.

Die individuelle Revolution

Das Problem geht aber noch weiter. Nicht nur, dass wir uns andauernd verbessern wollen und müssen, wir tun es vor allem allein und zurückgezogen, atomisiert, und nicht in der Gemeinschaft.

Illouz zufolge gehört zum Neoliberalismus, der für sie eine »unaufhaltsame Ausdehnung der Wirtschaft auf alle Bereiche der Gesellschaft« darstellt[45], auch ein neues »therapeutisches Ethos«, das die Erfüllung unserer Bedürfnisse verspricht. Wir haben die meisten Kämpfe nach innen verlagert. Probleme lösen wir heute zuallererst individuell in Therapien und Coachings statt gesellschaftlich. Ihre Belastungsgrenze ist erreicht? Die meisten von uns würden eher an der eigenen Resilienz und Effizienz arbeiten, als auf das politische Ganze zu blicken. Wir kämpfen mit uns statt mit der Welt. Darum nennt Illouz diese Entwicklung auch den Siegeszug des Individuums über die Gemeinschaft. Auf Twitter schrieb einmal jemand: »Frau Therapeutin, irgendwie machen mich wöchentlich 50 Arbeitsstunden in einem Job, der mich nicht erfüllt, so unendlich müde und traurig, welche Tabletten gibt es dagegen?«

Das Geniale daran: Wenn alles nur unsere Einstellung ist, warum sollte sich dann noch irgendjemand um bessere Schulen, Bezahlung oder Krankenversorgung bemühen? So wird dann auch der Kampf um bessere Lebensbedingungen oder gerechtere Einkommen von vornherein untergraben.

Scham spielt hierbei eine wichtige Rolle. Die anderen haben es doch auch geschafft, warum nicht Sie? Wer darauf hinweist, dass es ganz grundlegende Dinge sind, die falsch laufen, und dass es anderen auch so geht, bekommt oft die Antwort: Ach, das sind alles nur Einzelfälle. Denn nur der verunsicherte, beschämte und isolierte Einzelne ist es, der im Coaching still und leise seine Belastbarkeit nach oben schraubt, obwohl er schon lange nicht mehr kann. Das Stigma des sozialen Abstiegs bekommt so eine gesellschaftliche und eine individuelle Seite, die von Scham und Selbstzweifeln dominiert wird. »Ich bin arbeitslos. Und ich bin selbst schuld, dass ich arbeitslos bin.« Solche Meta-Schuldgefühle helfen aber nicht weiter. In der existenzialistischen Animationsserie *BoJack Horseman* sagt die Hauptfigur BoJack darum zu seiner Freundin Diane, die traurig darüber ist, dass sie einfach nicht glücklich sein kann: »Don't feel bad about feeling bad.«[46]

Anstelle von Scham wäre es viel besser, Wut zu empfinden. Scham empfindet man alleine. Doch Wut kann man gut mit anderen teilen und sich darüber zusammenschließen. Wut schafft Gemeinschaft, denn sie kann solidarisch machen. Doch dazu später mehr.

Kriegstrauma einfach weglachen

Kommen wir noch mal auf Martin Seligman zurück, zu einer Anekdote, die dem »Du kannst alles schaffen, wenn du an dich glaubst«-Spektakel die Krone aufsetzt. Es geht um die größtmögliche psychische Belastung, die es für Menschen geben kann: Krieg.

Mit seinem Enthusiasmus sammelte Seligman Fördergelder ein, um in einem groß angelegten Experiment Highschool-Kids im Alter von etwa vierzehn Jahren in Positiver Psychologie zu unterweisen, damit sie besser mit Angstzuständen und Symptomen von Depressionen umgehen lernten und so ihre Noten verbesserten. Nach Ablauf des Experiments stellte sich allerdings heraus, dass sich die Noten der Testgruppe im Vergleich zu den anderen Schülern gar nicht verbessert hatten. Wenig überraschend hat Seligman seine »Forschungsergebnisse« auch nie in einem wissenschaftlichen Journal publiziert. Dennoch vermarktete er das Projekt als Erfolgsgeschichte.[47]

Und so wurde das US-Militär auf Seligman aufmerksam. Seit Jahren schon bereitete den Streitkräften Sorgen, dass bei Soldaten »posttraumatische Belastungsstörungen« (auf Englisch *posttraumatic stress disorder,* kurz PTSD) anstiegen und damit auch die Selbstmordrate und der Drogenkonsum. Drastische Erlebnisse wie Verkehrsunfälle, Vergewaltigungen oder eben Kriegserlebnisse können hoch belastende Traumata auslösen, bei denen die Erlebnisse als Flashbacks zurückkehren. Typische Symptome sind Herzrasen, Panik, flache Atmung und das Gefühl, es gehe wieder um Leben und Tod. Auslöser können dabei ganz harmlose

Ereignisse sein wie Geräusche oder Berührungen. Zum Beispiel bekommt jemand, der eine Explosion auf einer Militärbrücke miterlebt hat, eher Panikattacken, sobald er sich im zivilen Leben einer Fußgängerbrücke nähert. Im Ersten Weltkrieg hießen Soldaten, die schwer gezeichnet aus den Schützengräben von Verdun zurückkehrten, »Kriegszitterer«, im Englischen sprach man lange von *shell shock,* also in etwa von der »Bombenstarre«, heute ist die Fachbezeichnung PTSD üblich.[48]

Der Grund für die Traumata der US-Soldaten lag auf der Hand. Das Pentagon schickte seine Leute auf mehr Einsätze als je zuvor, und diese »Touren« waren keine Urlaubsabenteuer, auch wenn sie bis heute von der Militär-PR so angepriesen werden.[49] Doch anstatt die Taktung der Einsätze zu verringern, legte das Heer das »Comprehensive Soldier Fitness Program«, kurz CSF, auf, nach eigenen Angaben das größte Programm für mentale Gesundheit in der Geschichte der Menschheit, für mehr als eine Million Soldaten. Im Mittelpunkt dieses Optimismus-Tornados stand Seligman. Sein Forschungszentrum erhielt 31 Millionen Dollar, um das neue Pflichtprogramm für die gesamte Truppe aufzusetzen. Das Projekt blieb nicht unwidersprochen. Der Psychologe Nicholas Brown sagt dazu in einem kritischen Papier: Wenn die Methode schon nicht funktioniert, um bei vierzehnjährigen Schulkindern Angst und Depressionen zu mindern, wie kommt Seligman dann auf die abenteuerliche Idee, er könne Soldaten darauf vorbereiten, Extremsituationen gut zu verarbeiten, in denen ihre Kameraden vor ihren Augen von Bomben zerfetzt werden?[50] Noch krasser: Seligman hat zu den Effekten seiner Trainingseinheiten nie Forschungsdaten vorgelegt, nicht einmal eine klare Arbeitsdefinition, wie man PTSD und Selbstmordgefährdung genau messen kann.[51] Dennoch hat das US-Militär nach Berechnungen von Gregg Zoroya für ein Sechsjahresprogramm 287 Millionen Dollar ausgegeben. Wenn einer also optimistisch war, dann die Staatsbeamten im Pentagon, die Seligman seine Versprechungen abgekauft haben.[52]

Der Wissenschaftstheoretiker Jesse Singal beschreibt das Szenario in seinem aktuellen Buch *The Quick Fix* folgendermaßen. Man stelle sich vor, das US-Militär schreibt eine Bewerbung für ein Programm aus, um PTSD und Selbstmord bei Soldaten zu minimieren. Seligman tritt gegen Patricia Resick an, eine der weltweit führenden Traumaforscherinnen, um sein Optimismus-Powerprogramm vorzustellen. Er empfiehlt Werte, die das Militär ohnehin hochhält: Disziplin, harte Arbeit, Selbstkontrolle. Seine Methode ist nicht aufwendig, sondern besteht aus einfachen Übungen, die Soldaten vor ihrem Einsatz in Wochenendseminaren absolvieren können. Das Ganze klingt nach einer Erfolgsgeschichte, die man wie in einem Hollywoodfilm inszenieren kann: Der Kämpfer trainiert und geht körperlich und psychisch gestählt in die große Schlacht, aus der er als Held zurückkehrt.

Dann präsentiert Resick den tatsächlichen Forschungsstand. Sie erklärt, dass PTSD ein komplexes Krankheitsbild darstellt. Die Traumata entspringen Extremsituationen, und sie sind oft unvermeidbar. Niemand kann sich darauf vorbereiten, entspannt zu bleiben, wenn er von Maschinengewehrkugeln auf dem Schlachtfeld schwer verwundet wird, so Resick.[53] Um ein Trauma zu bekämpfen, gibt es keine einfache Lösung, sondern nur langwierige Therapien, von denen nicht alle zum Erfolg führen. Statt eines Hollywoodwerbefilms kann Resick nur eine Arte-Dokumentation anbieten, in der junge Männer nach ihren Einsätzen in einem Gesprächskreis sitzen, am Boden zerstört und fürs Leben gezeichnet. Dreimal dürfen Sie raten, wer den Zuschlag bekommen hat. Genau. Der Typ, der allen sagt: Es ist allein deine Entscheidung, glücklich zu sein – du musst es nur wirklich wollen!

Coaching – Der Abgrund blickt zurück

Was macht Sie depressiv?
Wenn ich sehe, dass blöde Menschen glücklich sind.
Slavoj Žižek[1]

Neulich in der Straßenbahn, zwei Frauen vor mir:

»Ich bin immer so kritisch.« – »Na und?« – »Ich würde mir das gerne wegcoachen lassen.« – »Ah.« – »Kennst du einen guten?« – »Was?« – »Na, einen Coach!« – »Klar, einige, geh doch mal zum Leonardo!«[*]

Haben Sie sich auch schon etwas wegcoachen lassen, Ihren Blinddarm oder Ihre unpassende Meinung? Fast alles, was momentan falsch läuft mit der Welt, zeigt sich recht eindrucksvoll am »Coaching«. In einer Zeit, in der wir stets um uns selbst kreisen, entspricht Coaching genau dem Prinzip dieser gegenwärtigen »Religion des Selbst«, wie sie der Psychologe Svend Brinkmann nennt.[2] An die Stelle des Priesters, der den Menschen auf den gottgefälligen Weg half, ist ihm zufolge heute der Coach getreten, der uns hilft, an uns zu arbeiten. Anstelle der göttlichen Erlösung im Jenseits streben wir nun nach der Selbstentfaltung im Diesseits. Und zwar so schnell wie möglich.

---

[*] Leonardo heißt eigentlich Dirk, Student der Sportwissenschaften im 17. Semester, und hat sich viele Jahre in Berlin als Barkeeper durchgeschlagen. Bis zum Tag, an dem er ein Buch von Deepak Chopra in den Händen hielt. Seitdem weiß er von seiner Berufung. Weil er kein Büro hat, trifft er seine »Klienten« zum Spaziergang im Tiergarten.

Während es die Aufgabe von ausgebildeten Psychotherapeuten ist, seelische Leiden zu heilen, konzentrieren sich Coaches darauf, jeden Aspekt des Lebens zu optimieren (selbst wenn alles eigentlich ganz o. k. ist). Inzwischen gibt es Coaching für wirklich alles. Für Partnerschaft, Lebensführung oder Unternehmensführung, für Führungskräfte, für Kommunikation, für Selbst- und Zeitmanagement, Konflikte, Sex, Gesundheit, Work-Life-Balance, Kindererziehung, sogar von Umzugs-Coaches hat man schon gehört. Und natürlich dürfen auch die besonders ominösen Methoden nicht fehlen wie Astrocoaching oder Tarot-Lifecoaching, eine aufpolierte Version von Astro-TV. Dabei kommen so viele Bullshit-Wörter aus der Unternehmensberatung zum Einsatz, dass man kaum geradeaus gucken kann: Impactmessung, Affirmation, Supervision, Bioenergetik, Neuro-Linguistisches Programmieren (NLP), Autosuggestion, Selbstprogrammierung ... Selbstverarschung. Coaches predigen dazu oft Phantasmen, die aus der Positiven Psychologie stammen und auf eine Obsession mit der eigenen Weiterentwicklung und ständigen Verbesserung hinauslaufen. Dabei ist die Coachifizierung des Lebens ein Symptom einer größeren Entwicklung – der Therapeutisierung der Gesellschaft. Die Psychologie ist in alle Lebensbereiche vorgedrungen, und ihr Vokabular und die Denkweise sind plötzlich überall zu finden, wo sie bisher wenig zu suchen hatten: in Politik, Partnerschaft, Alltag, Berufsleben, sogar in der Schulbildung. Begriff man Therapien ursprünglich als eine Heilmethode für Leiden, sieht man sie jetzt als eine universelle Methode zur Verbesserung der geistigen Fähigkeiten, um im Leben »besser zu bestehen«. Schließlich kann man sich immer verbessern, und die Arbeit am Selbst ist beliebt. Denn sie suggeriert, es geht voran, da kommt noch was, man hat noch etwas vor!

Die Psychologisierung des täglichen Lebens zeigt sich momentan besonders eindrucksvoll im Arbeitsleben. Da wird jeder arme Buchhalter so lange gecoacht, bis er innerlich als Jungunternehmer mit bunten Turnschuhen ein Online-Start-up gründet.

Sicher, die Dienstleistungsgesellschaft braucht kognitive Fähigkeiten, und genau an dieser Herausforderung setzt die Coachifizierung an. Der Wahnsinn beginnt nun schon in vielen Kitas, in denen Kindergärtner ganze Akten über Dreijährige anlegen sollen. Geimpft, entwurmt und durchevaluiert sind sie so bestens gerüstet für den umkämpften Arbeitsmarkt im Jahr 2044.

Löwe zu sein ist eine Entscheidung!

Fühlen Sie sich unmotiviert, müde und erschöpft? Na, da geht noch was, holen Sie das Beste aus sich heraus! Wie Sie das anstellen sollen, fragen Sie sich? Hier kommen drei lebensverändernde Zitate des berühmten *Business-Lion*[3], einer Koryphäe der internationalen Unternehmensberaterszene:

1. »Jede Blume kann blühen, wenn sie will. Aber nur mit dem richtigen Mindset wird sie auch zu einem Baum heranwachsen.«
2. »Hast du dich schon mal gefragt, warum du im Meer ertrinkst, ein Hai aber nicht? Weil ein Hai das Wasser als Chance und nicht als Bedrohung wahrnimmt!«
3. »Ein Löwe zu sein ist nicht einfach! (Es sei denn, deine Eltern sind auch Löwen.)«

Na, fühlen Sie sich schon besser? Alberner als diese Sprüche ist nur noch die Coachingsprache selbst, die der *Business-Lion* in seinem Instagram-Account persifliert. Hier wird nämlich die Essenz der Businesscoaching-Methoden gut sichtbar. Sie sind oft ein deplatzierter Versuch, eine uralte, patriarchale Stärke des Mannes aufleben zu lassen, die sich nur im beruflichen Erfolg zeige. Vordergründig geht es sicher um den Erfolg im Beruf, dahinter steckt aber eigentlich eine Sehnsucht nach Männlichkeit und Bewunderung. Die Ideenwelt des Coachings bedient sich großzügig bei abgedroschenen Geschlechterklischees. Es sind genau die Stereotype der Fünfzigerjahre (des 18. Jahrhunderts), die auch noch immer in der Waren- und Konsumwelt forciert werden, also Weichspüler für die Frau, Motorsäge mit Grillwurst für den Mann.

Coaching für Frauen bezieht sich meist viel ganzheitlicher auf die gesamte Lebensführung und den Nahbereich. Es werden eher Harmonie und Selbstfürsorge thematisiert, um Balance zu finden und dem Alltagsstress zu entkommen. Man dehnt sich, cremt sich, pflegt sich, alles ist sehr gefühlsbetont. Hingegen ist Coaching für Männer eher auf Aggression und Kampf ausgelegt, hier wird mit archaischen Themen gearbeitet. Das Spektrum reicht von Einzelsitzungen (eigentlich einer kaschierten Psychotherapie) bis hin zum Coaching in Führungspositionen, in denen Männer noch immer in der Überzahl sind.

Man zeigt Stärke, Durchsetzungsfähigkeit; das Auftreten gegenüber anderen soll autoritär sein. Hier geht es nicht um Balance, sondern Erfolg im Leben ist Erfolg im Business. Der Mann muss sich durchsetzen, sein Dominanzverhalten trainieren und sein autoritäres Weltbild durchdrücken. Am Ende dieser albernen Evolution steht der hart arbeitende Alpha-Typ, der die Welt in Gewinner-Verlierer-Kategorien einteilt und seine eigene Abhärtung und Kälte zelebriert. Dabei muss alles der Produktivität unterworfen werden, natürlich, selbst Entspannungsmomente oder ein gesunder Lebensstil dienen der »Performance«, die auch gleich viel sportlicher klingt als schnöde »Leistung«. Und weil das alles noch nicht abgedroschen genug ist, schmückt sich diese Szene vorzugsweise mit Tiervergleichen. Sie ahnen es, hier kommen keine Meerschweinchen zum Zuge, sondern nur die *cool kids*, die man auch aus allen möglichen Wappen kennt: Löwen, Adler, Haie, Tiger, Wölfe. Denn, oh ja, Raubtiere sind gut geeignet, sie sind aggressiv und furchteinflößend, aber auch wendig und schnell, und darum verbinden wir sie mit dieser neuen »agilen« Männlichkeit, wenn auch vielleicht mit der toxischen Variante.

Die Menschheit scheint dem Coaching-Weltbild zufolge evolutionsbiologisch noch nicht viel weitergekommen zu sein, es klingt wie damals im Affenrudel. Für Frauen gibt es eher Einklang, Balance und gefühlige Hygge-Kuschelei und für Männer das raubtierhafte Aggro-Businesscoaching. Während also die Selbstbeschäftigung der Frau mit sich und ihrer direkten Umgebung forciert wird, mit Wohlbefinden, Einrichtung und Entspannung, geht die Optimierung des Mannes weniger nach innen, sondern mehr nach außen, in die Welt hinaus. Der Mann schaut nach vorn, in die Zukunft, in der er leistungsfähig ist und optimal vorbereitet auf den Kampf im Businessdschungel. Was klingt wie aus einem schlechten, vorsintflutlichen Evolutionsbiologiebuch ist leider die bittere Realität der Coaching-Angebote: Um »unter Männern Mann zu werden« und »seinen Mann zu stehen«, soll man ein erfülltes Männerleben leben, während die Frauen in sich hineinschauen und sich dabei »liebevoll und ehrlich fragen« sollen, wie sie mehr »wundervolles« Selbstbewusstsein aufbauen.[4]

Wenn Sie jetzt einwenden wollen, man könne sich doch aber im Beruf verbessern und die Firmen hätten ja auch ein Interesse daran, dass ihre Mitarbeiter Neues dazulernen, dann haben Sie natürlich recht. Doch hinter der Idee des Coachings steckt viel mehr: Es ist eben kein schnödes Dazulernen, nicht die klassische Weiterbildung, sondern ein ganz eigener Weltentwurf. Man soll die grundsätzliche Einstellung zu sich selbst und zu seinem Leben verändern. Erfolg komme nur dann, wenn zumindest der arbeitende Mann besonders klischeehaft männlich ist: hart, rücksichtslos, konkurrenzgetrieben. Lebensglück, Bestätigung und Zufriedenheit stamme für Männer ausschließlich aus dem beruflichen Erfolg, und dazu brauche man eben Aggression.

Es ist sicher kein Zufall, dass die Motivationssprache von Coaches so ähnlich wie die von Fitnesstrainern klingt. Der Körper ist gewissermaßen die fleischgewordene Visitenkarte für Willensstärke, der sichtbare Beweis, dass man es ernst meint mit der harten Arbeit an sich selbst. Der Körper wird geformt wie eine Skulptur, das Gewebe wird zum Körperpanzer, der die Macht des eigenen Willens zur Schau stellt – vor allem vor sich selbst. Die Arbeit am Körper ist so gesehen der leichte Probelauf für die Arbeit am Geist, die viel länger dauert und deren Erfolge nicht so schnell sichtbar sind. Wer aber seinen Körper formt, sieht schnell Erfolge, denn die Wirksamkeit der Arbeit am Selbst ist in den Zentimetern des Bizepsumfangs messbar. Die Willensstärke, der Kampf gegen die eigene Faulheit, ist dabei der Stellvertreter für den größeren Kampfplatz, den eigenen Geist.

Eine weitere Gemeinsamkeit ist auffällig: Coaching ist wie die Fitnessindustrie eine international boomende Milliardenbranche der Perfektionierung mit zweistelligen Zuwachsraten.[5] Allein in Deutschland macht die Branche inzwischen über eine halbe Milliarde Euro Umsatz. Außerdem ist der Titel »Coach« nicht geschützt, und es gibt keine formale Ausbildung wie bei der Psychotherapie. So kommen selbst ernannte Coaches aus allen denkbaren Branchen: von Tourismus und Gastronomie über Yoga, Heilpraktikerberufe, Psychologie bis hin zur Unternehmensführung. Kein Wunder, dass die Goldgräberstimmung der Branche auch zwielichtige Figuren anzieht. Experten zufolge ist nur ein kleiner Teil von ihnen seriös.[6]

Von den Anfängen im Management der produzierenden Industrie hat sich Coaching inzwischen in alle möglichen Branchen reingewanzt, von der Führungsetage zum Abteilungsleiter, vom mittelständischen Unternehmen über den öffentlichen Dienst bis zum Selbstständigen, der sich seine »Performance« aufmöbeln lassen muss.

Viele Coaching-Varianten klingen dabei immer mehr nach schlechten B-Movies aus der Videothek der Neunzigerjahre: Wählen Sie zwischen »Mentoring«, »Crossmentoring«, »Supervision« und »Superdupervision Teil II – jetzt erst recht!«.

Dabei ist Coaching immer auch eine Auszeichnung, sozusagen die Businessclass der Selbstverbesserung. Denn nicht jeder ist es wert, gecoacht zu werden. Nein, Sie müssen schon Potenzial haben! Das ist das Paradox des Coachings. Es sagt gleichzeitig »Dir fehlt etwas« und »Du bist etwas ganz Besonderes«.

Die Effizienzsteigerung durch Coaching ist der letzte Schritt der Technisierung der Psyche. Denn blicken wir zurück: Zu Beginn der Industrialisierung ging es darum, die Webmaschinen zu verbessern und mit ihnen die Handgriffe der Menschen, die daran arbeiteten. In der Spätmoderne ersetzten dann Dienstleistungen die Industriejobs, die Menschen waren jetzt hauptberuflich mentale Arbeiter, die Wissen statt Wolle verarbeiteten und sich darin optimierten. Im finalen Schritt kam das Coaching dazu. Von den Hard Skills der Fabrik sind wir zu den Soft Skills des Büros gelangt. Denn heute geht es darum, die grundlegende Mechanik des Wissensapparats zu optimieren, indem man seine Metafähigkeiten *fine tuned,* wie Auftreten, Verhandlungssicherheit und Selbstmanagement. Und so gelangt man zu einer Professionalisierung des Innenlebens, die sich von außen nach innen gefressen hat. Alle Menschen sind Unternehmen geworden, jeder ist eine wandelnde »Ich-AG«, auch Sie. Verstehen Sie das ruhig als Drohung! Selbst Angestellte werden jetzt wie Mikrounternehmen behandelt. Und dieser Prozess ist verdammt zur ewigen Unabgeschlossenheit. »Es gibt immer was zu tun«, so der Slogan eines großen Baumarkts, ist die Leitidee des männlichen Coachings, so wie »Weil ich es mir wert bin« für Frauen.

Auf der Suche nach dem verborgenen Selbst

Coaching verinnerlicht das Prinzip des ständigen Fortschritts und zieht daraus seine gesamte Daseinsberechtigung. Doch bereits die Idee eines »wahren Selbst«, das irgendwo im Kern des Menschen liegt und nur zur Entfaltung gebracht werden muss, ist problematisch. Die Positiven Psychologen nennen den Prozess der Freilegung dieses verborgenen Mysteriums auch »Flourishing«, das sogenannte Aufblühen.[7] Das ist eigentlich ein uralter Gedanke: Schon Aristoteles dachte, Lebewesen trügen den Keim zu ihrer Entwicklung von Beginn an in sich, ähnlich wie der Bauplan von Pflanzen schon im Samen enthalten ist.[8]

Heute weiß man: Das ist der genetische Code. Bis zu einem gewissen Punkt war Aristoteles' Annahme biologisch also nicht ganz falsch. Aber die Übertragung auf die menschliche Persönlichkeit ist schief. Würden wir schon unsere spätere Persönlichkeit, unser »wahres Selbst«, komplett in uns tragen, müssten wir eigentlich nur noch mit den richtigen Nährstoffen, Wasser und Licht versorgt werden, damit wir uns ideal entfalten. Aber das stimmt nicht, denn unsere Persönlichkeit ist nicht jedes Jahr zehn Zentimeter gewachsen, sondern wir sind durch unsere Entwicklungsgeschichte geprägt. Durch unsere Eltern, den sozialen Hintergrund, unsere Kultur, Sprache, Bildung, verschiedene Einzelerlebnisse und vor allem durch unsere eigenen Entscheidungen. Wären wir in einem anderen Land aufgewachsen, hätten wir uns anders entwickelt.

Auf eigenartige Weise vermischt die Positive Psychologie hier Schicksalsgedanken und Selbstoptimierung: Auf der einen Seite »Alles ist schon tief in deiner Seele angelegt« und auf der anderen Seite »Du kannst noch mehr aus dir herausholen, wenn du den perfekten Nährstoffcocktail verwendest«. Was denn nun, ist jetzt alles schon da, oder muss ich mich anstrengen, um alles rauszuholen? Und woher weiß ich, dass ich das Richtige aus mir heraushole und nicht die falschen Schubladen öffne? Vermutlich ist auch hier einiges an Selbsttäuschung im Spiel: Wir laden unsere eigene Geschichte mit schicksalhafter Bedeutung auf. Die Erzählung unserer eigenen Biografie ist eine ganz eigene Kunstform, auch vor uns selbst.[9] Denn wir erschaffen uns und unsere Geschichte erzählerisch, nämlich durch Narrative des Selbst: »Ich komme aus einem ärmeren Elternhaus, darum wollte ich früh auf eigenen Beinen stehen.« Oder: »Ich hatte immer Asthma, darum bin ich Ärztin geworden.« Dazu gehört auch, dass wir einige Episoden systematisch aus dem Gedächtnis streichen, die nicht zu dieser Erzählung passen, sie also selektiv vergessen.[10] Und ist es nicht interessant: Je öfter wir uns selbst unsere vergangenen Lebensabschnitte, auch gedanklich, erzählen, desto logischer und plausibler baut der eine Lebensabschnitt plötzlich auf dem anderen auf. Wir konstruieren eine Kausalität, wo es eigentlich keine gab. Der geneigte Leser kennt das aus Autobiografien: »All diese Entscheidungen haben dazu geführt, dass ich jetzt genau hier als Leiter im Autohaus Villingen-Schwenningen stehe. Es sollte so sein.« Der große Zufall unserer Existenz wird dabei größtenteils ausgeblendet, so wie alle unnützen Abzweigungen, die man im Leben genommen hat, die aktiven und die passiven. Max Frisch sagte dazu: »Jeder Mensch erfindet sich früher oder später eine Geschichte, die er für sein Leben hält.«[11]

Der Abgrund blickt zurück: Irrtümer der Introspektion

Für die Positive Psychologie liegt Glück nicht nur in der passiven *Selbstentfaltung,* im Aufblühen einer inneren Anlage, die sich nach einem Bauplan entwickelt – so wie die Eiche, die aus der Eichel entspringt. Der Mensch muss außerdem nachhelfen, also sein eigener Gärtner sein. Dieses Modell der *Selbstverbesserung,* wahlweise durch Coaching oder Meditationsapps, fußt allerdings auf einer großen unausgesprochenen Annahme, man müsse nur in seine Seele hineinhorchen, hineinfühlen und hineinschauen, um herauszufinden, wer man ist, wo es mangelt und wie man sich verbessern kann. Für die perfekte Optimierung müssen Sie also zwei Dinge kennen: den Ist-Zustand und den Soll-Zustand. Man muss wissen, was man wirklich will, um auf ein Ziel hinzuarbeiten. Und man muss sich selbst gut kennen, damit man weiß, wo die Stärken und vor allem die Schwächen liegen. Dabei gibt es nur ein Problem: Wir wissen nicht, was uns antreibt (das Problem der

Motivation), und wir wissen nicht, wer wir sind (das Problem der Selbstkenntnis).

Die Positive Psychologie sagt, man soll in sich hineinschauen, um das herauszufinden, aber funktioniert das überhaupt: Ist die Introspektion überhaupt zuverlässig? Und wie macht man das eigentlich, sich selbst in die Seele blicken; was ist dort, wenn ich in mich hineinhorche? Horchen Sie doch mal! Und, ist es gut? Na ja, denken Sie, die Socken rutschen etwas, die Zunge ist trocken, das Herz stolpert. Ein Tinnitus surrt fröhlich im Hintergrund, man atmet flach, hat schon wieder Hunger und kalte Füße. Aber blicken wir uns so wirklich in die Seele oder nicht viel eher in den Katalog unserer ganz ordinären Körperempfindungen?

Die Innenschau, die Introspektion, schafft gerade keinen magischen Zugang zum eigenen Charakter. Wir sind sogar meistens richtig schlecht darin, uns selbst zu verstehen. Oft bemerken wir überhaupt nicht, wie wir uns fühlen, andere Menschen dafür umso mehr. Nehmen wir zum Beispiel das Hangry-Sein. Ein Gefühl, das jeder kennt, die Mischung aus *hungry* und *angry*: ziemlich gereizt, weil man hungrig ist. Wenn der Mann länger nichts gegessen hat, bemerke ich den Kipppunkt in seiner Laune sofort, er dagegen überhaupt nicht. Nach einem Teller Spaghetti sagt er dann: »Tut mir leid, was ich gesagt habe, als ich hungrig war.« Ganz ähnlich ist es bei Anspannung, Nervosität oder Verliebtsein: Bei engen Freunden und Verwandten weiß man es oft, bevor sie selbst es bemerken. Bei uns selbst ist das nicht unbedingt der Fall. Manchmal wissen wir einfach nicht, ob wir verliebt sind oder einfach nur zu viele Schnapspralinen gegessen haben. Was unsere Innenperspektive betrifft, gehen wir zwar davon aus, wir hätten eine Art unfehlbares Wissen über uns selbst, eine Autorität der ersten Person, aber unsere eigene Deutungshoheit funktioniert oft nur mittelmäßig und, wenn Pralinen im Spiel sind, eigentlich gar nicht.

Noch schlimmer wird es, wenn wir vom Innenleben auf das

Außenleben schließen. Stellen wir uns vor, ein Freund wäre der festen Überzeugung, Gott würde zu ihm sprechen, er würde ihm Aufträge erteilen. Er fühlt es einfach, von innen, er ist sich wirklich ganz sicher. Wie hoch ist die Wahrscheinlichkeit, dass er richtigliegt, und wie hoch, dass er einen kleinen Haschmich hat?

Für solche Fehleinschätzungen sind auch seltsame Sprachbilder verantwortlich. Die Rede vom »Hineinblicken« funktioniert als visuelle Metapher. Sie suggeriert, mein Innenleben wäre ein Raum wie eine unveränderliche Speisekammer, die ich einfach anschauen kann. Wenn ich das Licht anknipse, sehe ich alles fein säuberlich in die Regale einsortiert, hier die Senfgurken, da die Schattenmorellen. Doch so funktioniert unser Seelenleben nicht.[12] Es ist vielmehr so, dass durch das Hineinschauen selbst vieles überhaupt erst real wird. Zum Beispiel habe ich manchmal ein mulmiges Gefühl im Flugzeug. Sobald ich während des Fluges auf meine angespannte Stimmung achte, wird mir schlagartig klar, dass ich gerade in einer rumpelnden Metallbüchse sitze, 10.000 Meter über den Alpen. Das Gefühl ist dann nicht mehr bloß mulmig, sondern die Angst plötzlich sehr real. Lese ich aber während des Fluges ein Buch, bleibe ich ganz entspannt. Meine Innenschau macht die Angst erst zu dem, was sie ist. Der aufmerksame Blick sortiert neu und rückt gewisse Dinge erst in den Vordergrund. Der Inhalt der inneren Speisekammer ändert sich dadurch ständig. Denn unser Bewusstsein ist fluid, wie ein Strom, der sein eigenes Flussbett formt.

Doch es ist sogar noch schlimmer: Die ständige Nabelschau macht unglücklich. Denn seien wir ehrlich, wer lang genug sehr aufmerksam sucht, findet auch etwas, das er sich vermeintlich wegtherapieren lassen muss. Kurzer Einschub: Hier geht es ausdrücklich nicht um Fälle wie etwa schwere Depressionen oder Angststörungen, die professionelle Hilfe dringend erfordern. Vielmehr ist die Pathologisierung der Alltagssorgen und der banalen

Befindlichkeiten gemeint. Schon Medizinstudenten wissen: Der beste Weg, sich zum Hypochonder zu machen, ist ein Lehrbuch seltener Krankheiten. Wer einmal von der Epstein-Anomalie oder vom Gardner-Syndrom gelesen hat, beginnt schnell damit, einige Symptome auch bei sich zu entdecken. Oder wie Goethe schon getwittert hat: »Google nie deine Krankheitssymptome, denn dann kommt raus, dass du Darmkrebs hast und in drei Wochen stirbst.« Genauso macht die Coachifizierung des Innenlebens uns alle zu seelischen Hypochondern. Eva Illouz nennt diese Patienten deshalb sehr passend »Happychonder«.[13]

Und überhaupt: Was ist, wenn wir in uns hineinschauen, aber gar nichts sehen? Oder wenn wir das Falsche sehen? Wir wissen nämlich gar nicht so genau, wer wir wirklich sind oder was wir wirklich wollen. Stellen Sie sich vor, eine durchzechte Nacht liegt hinter Ihnen und Sie gehen morgens in die Küche. Sie haben Lust auf ein Brot, schön dick bestrichen mit Pflaumenmus. Sie bereiten es zu und beißen hinein. Hm. Nee, irgendwie mögen Sie das gerade doch nicht. Aber dieses Glas mit den silbrig glänzenden, saftigen Rollmöpsen, das Sie da unten im Kühlschrank anlacht, könnte jetzt eigentlich doch viel besser sein!

Vielleicht gilt das sogar für jede Form des Begehrens, wie Slavoj Žižek feststellt: »We don't really want what we think we desire«: Wir wollen gar nicht, was wir zu wollen glauben. In seinem Altherren-Gedankenspiel beschreibt er sich, seine nervige Ehefrau und sein Verlangen nach einer Affäre. Doch in dem Moment, in dem die Affäre plötzlich für ihn verfügbar wäre, verschwindet das Verlangen danach.[14] Ein Sinneswandel ganz ähnlich wie bei den Rollmöpsen. Nun!

Wir sind uns manchmal selbst ein Mysterium, denken Sie etwa an das Phänomen »Fehlkauf«: Wie oft fragt man sich, unter welchen bewusstseinsverändernden Einflüssen man eigentlich diesen gelb karierten Schal gekauft hat. Ähnlich verhält es sich manchmal mit der Berufswahl, einigen Bekanntschaften oder anderen weitreichenden Lebensentscheidungen. Die Frage, wer man eigentlich ist, setzt einen Prozess des Zweifelns in Gang, aus dem man selten mit klaren Antworten herauskommt. Anders ausgedrückt: Je tiefer man in seine Seele hineinschaut, desto ferner schaut sie zurück und desto weniger begreift man, wer man überhaupt ist. Wie Nietzsche sagte, während er sich den Schnurrbart zwirbelte: »Und wenn du lange in einen Abgrund blickst, blickt der Abgrund auch in dich hinein.«[15] Oder pointiert und in Glückskekslänge: »Jeder ist sich selbst der Fernste.«[16]

I don't trust my inner feelings

»Trust your gut« ist ein weiterer Trugschluss der Positiven Psychologie, nämlich die Annahme, man solle immer auf sein Bauchgefühl hören. Aber ist das wirklich so ratsam, seinen Innereien, dem Gekröse im Darm zu trauen? Stellen Sie sich vor, Sie haben Heißhunger und wollen jetzt unbedingt diesen neuen Nugatriegel ausprobieren. Blöd, wenn Sie eine Nussallergie haben! Oder wenn Sie am Rand einer steilen Klippe stehen und plötzlich aus unerfindlichen Gründen einen Sog spüren und das Verlangen haben, in den Abgrund zu springen: Sie sollten es lieber nicht tun. Mir ist das einmal passiert, als ich an einem brasilianischen Bergabhang in eine tiefe Schlucht geblickt habe. Wie es wohl wäre, da jetzt hineinzuspringen ... Was würde man da auf dem Weg nach unten sehen, würde man sich wie ein Adler fühlen und für einen kurzen Moment denken, man könnte fliegen? Und wie schnell wäre man bewusstlos? Heute bin ich relativ froh, dass ich diesem Sog nicht nachgegeben habe. »Call of the Void«, also den »Ruf der Leere«, nennt man dieses recht verbreitete Phänomen.[17] Der hat allerdings nichts mit Suizidgedanken zu tun, sondern vielmehr mit einer höheren Sensibilität für Angstsignale des Körpers. Ich habe mir nach meiner Wanderung also umsonst Sorgen gemacht, ob ich noch ganz knusper bin.

Das ist natürlich ein Extrembeispiel, aber es illustriert ganz gut, dass wir uns nicht auf unser Bauchgefühl verlassen sollten, denn Risiken sind ihm manchmal doch egal. Außerdem folgen auch Verschwörungstheoretiker, radikale Impfgegner und Rassisten ihrem Bauchgefühl.[18] Man kann also behaupten: Das Bauchgefühl ist ziemlich oft ein ziemlich schlechter Ratgeber, nicht nur fürs Handeln, sondern auch, wenn wir uns selbst beurteilen wollen.

Außerdem fluktuiert unser Innenleben stark, darum ist es nicht sehr ratsam, die Einschätzung unseres Selbst darauf zu gründen. Entgegen dem Trend sollten wir überhaupt viel weniger auf unsere momentanen Stimmungen und unser spontanes Bauchgefühl geben. Stimmungen sagen wenig über uns aus, prägen unser Denken aber extrem. Wenn ich Sie jetzt frage: »Wie geht es Ihnen gerade?«, können Sie wahrscheinlich ziemlich leicht antworten. Frage ich allerdings: »Wie läuft Ihr Leben insgesamt?«, wissen wir meistens nicht, was wir antworten sollen, und sagen wieder bloß etwas über unseren momentanen Zustand. Das liegt daran, dass man immer konkrete Situationen heranzieht, um viel größere, abstrakte Fragen zu beantworten. Wir überschätzen so oft unsere Gefühle in einem bestimmten Moment und dehnen ihn auf unsere ganze Existenz aus: Ist man gerade müde und kraftlos, hält man sein gesamtes Leben eher für zähflüssig und lahm.[19] Aber hat man gerade einen guten Tag, weil man endlich seinen modrigen Kleiderschrank bei Ebay-Kleinanzeigen verscherbelt hat, denkt man auch, das Leben sei gelungen und von Erfolg gekrönt. Besser wäre es, wie eigentlich immer im Leben, statt auf Leonardo, den Coach, auf Leonard Cohen zu hören, der sagt:

»I know that I'm forgiven, but I don't know how I know.

I don't trust my inner feelings; you know feelings come and go.«[20]

Vom Wachstum

Es ist einer dieser Tage. Sie haben Sorgen im Beruf, starke Kopfschmerzen, die Katze hat sich die Pfote verletzt, es regnet seit sechs Tagen, und Sie stoßen sich auch noch das Schienbein an der Bettkante. Manchmal ist es nicht nur ein Tag, sondern ganze Wochen, und die sind einfach richtig blöd. Müssen Sie deshalb in Therapie, um an Ihrer Resilienz zu arbeiten, oder sind Sie einfach nur zu Recht erschöpft und frustriert?

Die Glücksideologie hat das Normalniveau unseres Wohlbefindens derart angehoben, dass Leute befürchten, mit ihnen würde etwas nicht stimmen, wenn sie einfach mal niedergeschlagen und schlecht gelaunt sind. Einige schämen sich sogar; bloß nicht den Freunden zeigen! Aber Traurigkeit, Antriebslosigkeit, Ärger, Enttäuschung, all diese negativen Emotionen und Gedanken sind ein berechtigter Teil unserer Existenz. Niemand führt ein Leben in purer Glückseligkeit. Und stellen Sie sich nur eine Person vor, die niemals Rückschläge erleidet, niemals Sorgen und Probleme hat. Wären Sie mit so einem Menschen gern befreundet? Ist es nicht sogar verdächtig, wenn jemand immer nur suggeriert, ihm würde nie etwas Ärgerliches passieren?

Diese Verschiebung des Normalstandards führt jedoch dazu, dass wir uns plötzlich fragen: Woher weiß ich, ob ich bereits glücklich genug bin? Wo ist überhaupt mein Limit? Vielleicht könnte ich ja noch viel, viel glücklicher sein? Die Besessenheit von der eigenen Verbesserung, verstärkt durch die Coaching-Industrie, ist mehr und mehr zum Selbstzweck geworden. Dabei ist die Wirksamkeit von Coachings nur schwer nachzuweisen. Und es ist doch so: Wenn die Controlling-Abteilung bei ihrem jährlichen »Teambuilding Event« zum siebten Mal ein Floß aus Wasserkanistern baut, hat das auch keinen Effekt mehr. Genauso wie die achte Gesichtsmaske auch nicht mehr »Glow« auf die Wangen zaubert. Am Ende ist es nur noch Selbstbeschäftigung um der Beschäftigung willen.

Es ist hier ähnlich wie beim Glücksterror. Alle versuchen, immer besser zu werden, und setzen so den Standard des Normalen immer höher. So steigt der Druck aber für alle, und am Ende hat niemand einen Vorteil. Im Gegenteil, jeder ist dann gefangen in der ewigen Selbstverbesserungsschleife.[21] Was auch im berühmten Tocqueville-Paradox beschrieben wird: Je besser es den Menschen geht, desto mehr reden sie darüber, wie schlecht alles ist.[22]

Dabei geht es beim Coaching, der Optimierung und Selbstentfaltung vor allem um eine wesentliche Komponente: das Wachstum. Wie praktisch, dass dieser Aspekt perfekt in unsere spätkapitalistische Konsumwelt passt, denn wer wachsen will, braucht natürlich allerlei Zubehör. Nun wurde ja eine Wirtschaft, die ausschließlich auf profitorientiertes Wachstum ausgerichtet ist, schon immer kritisiert; zuletzt von der jüngsten Klimabewegung. Dabei gibt es mehrere Parallelen zwischen dem Wachstum des Ganzen und dem Wachstum des Individuums. Beide vereint die Logik des Imperativs: Du musst! Eine andere Gemeinsamkeit ist der Raubbau. Sowohl natürliche Ressourcen als auch unsere eigenen sind endlich, weshalb unendliches Wachstum nicht funktioniert. Der Klimawandel zeigt das eindrücklich.

Eine neue Bewegung hat sich darum gegen das wirtschaftliche System des Wachstums gebildet. Beim »Postwachstum« geht es um Verteilungsgerechtigkeit, nachhaltigen Konsum und ökologisches Gleichgewicht. Wie gut wäre es, wenn man damit auch eine neue Ära des psychologischen Postwachstums einläuten könnte. Die Logik wäre dann: Du musst erst mal gar nichts! Anstelle des Wachstumsfetischs der Glücksindustrie wäre hier das Ziel: Seelenfrieden durch inneren Stillstand.

Die Stoiker in der Baugrube

Stellen Sie sich vor, in Ihrem Badezimmer haben sich Wasser-
flecken an der Wand gebildet, und der Klempner kommt vorbei.
Er schüttelt nur den Kopf und sagt: »Eieiei, das gefällt mir aber
gar nicht … ein Wunder, dass hier noch nicht alles unter Wasser
steht.« Nach einer viel zu langen Pause fügt er hinzu: »Da werden wir uns jetzt wohl öfter sehen!« Ganz ähnlich verhält es sich
beim Coaching, einer Branche, die so schnell wächst, dass sie
längst nicht mehr allein die echten Probleme bekämpft, sondern
eine viel genialere Geschäftsidee verfolgt: Man erschafft erst mal
eine hohe Nachfrage, indem man den Leuten einredet, sie wären
grundsätzlich mangelhaft. Und der Prozess der Verbesserung
ist nie abgeschlossen, wie bei der Psychoanalyse, wo unter dem
Putz des Ich stets das schlecht isolierte Kabel des Unbewussten
vor sich hin schmort. Denn sind wir nicht alle Baugruben, denen
immer ein paar Kabelanschlüsse und Abwasserrohre fehlen? So
gibt es für Coaches bis in alle Ewigkeit etwas zu tun. Ähnlich
genial ist nur das Geschäftsmodell »Tintenstrahldrucker«: Ver-
kauf den Leuten ein billiges Gerät und mach dafür die Drucker-
tinte unendlich teuer (abgesehen davon funktioniert der Drucker
ohnehin nie, weil grundsätzlich die gelbe Farbkartusche leer ist).

Die Stoiker hätten übrigens über solche Phänomene nur milde
geschmunzelt. Mit ihren wiederverwendbaren Wachstafeln wären
sie niemals auf so einen Verkaufstrick hereingefallen. Ohnehin hätten sie sich in der Baugrube häuslich eingerichtet. Statt
sich dauerhaft mit dem Konzept der Selbstentfaltung zu quälen,
bevorzugten die Stoiker den inneren Frieden. Ihr Idealzustand
war Gemütsruhe. Einer ihrer Leitsätze, gefunden auf einer alten
Pergamentrolle aus der Bibliothek von Alexandria, lautete: »Nul-
lus coachus bonus est.« Frei übersetzt: Coaches wegcoachen!

Glück als psychische Störung

Ich toleriere Laktose,
wie ich Menschen toleriere.
Larry David[1]

Ein kurzes Gedankenexperiment. Wer verhält sich folgendermaßen: impulsiv, unverantwortlich, egoistisch, unzurechnungsfähig,
aufgedreht und will die Nacht durchmachen? Sicher denken Sie,
das klingt wie die letzte verkokste Party von Immobilienmaklern
auf Mykonos. Vielleicht handelt es sich auch um Dreijährige, die
einfach nicht ins Bett gehen wollen? Nein! Genau dieses Verhalten ist typisch für extrem glückliche Menschen.

Das Glück als Taumel, als ultimatives Hochgefühl der Seele ist
der Idealzustand der Positiven Psychologie, und inzwischen haben
sich viele Ratgeber, Coaches und die Werbewelt angeschlossen.
Das Streben nach diesem diffusen Zustand ist zur Norm geworden und Glück suchende Menschen gelten als der Normalfall.
Doch die unhinterfragte Annahme, die hinter alldem steckt, führen wir uns selten in aller Konsequenz vor Augen. Nämlich ob der
Endzustand, das ultimative Glück, überhaupt erstrebenswert ist.
Aber natürlich, denken Sie? *Think again.*

Genau genommen kann man Glück sogar als eine psychische Störung begreifen, so die Diagnose des Psychologen Richard Bentall. Schon im Jahr 1992 schlug er vor, im internationalen Hand-
buch der Krankheiten (ICD der Weltgesundheitsorganisation, das
weltweite, laufend aktualisierte Standardwerk) einen Eintrag für

»Glück« als das *Happiness Syndrome* hinzuzufügen.[2] Und zwar unter dem neuen Fachterminus *major affective disorder, pleasant type*, also in etwa »schwere affektive Störung, gutartig«. Bentall sieht den Glückszustand von Menschen als *psychiatric disorder* auf einer Ebene mit Panikattacken, Größenwahn und Angststörungen.

Was zunächst sonderbar und nach völligem Zinnober klingt, ist aber ein medizinischer Fakt. Glück ist, statistisch gesehen, ein Ausreißer. Es ist nämlich ein kognitiver Ausnahmezustand, der wahrscheinlich eine »abnormale Funktion« des zentralen Nervensystems darstellt, wie Bentall sagt. Vor allem, weil die betroffene Person unter Realitätsverlust leidet.

Sehr glückliche Menschen haben Bentall zufolge ein kognitives Defizit. Sie zeigen irrationales Verhalten, überschätzen sich selbst, und ihnen fehlt die Fähigkeit, ihre Umwelt realistisch zu beurteilen.[3] Und ganz ehrlich, wer hat sich das noch nicht gedacht, als er einen vor Glück völlig übermütigen Fußballfan nach dem WM-Sieg gesehen hat, der voller Euphorie in die zu flache Spree springt – und sich dann unter Wasser an einem rostigen Einkaufswagen verletzt.

Das Glückssyndrom

Man kann sich also fragen, wie eine Welt wirklich aussähe, in der alle Ziele der Positiven Psychologie erreicht sind und alle vor Glück nur so triefen.

Bentalls »Glückssyndrom« erinnert an einen verwandten Hochzustand, der bereits seinen Weg in alle Standardwerke der Psychiatrie gefunden hat. Er trägt den Namen »Manie«. Tatsächlich halten Forscher den Extremfall des dauerhaften Hochzustands aus guter Laune, starker Motivation und positiver Energie für eine Krankheit, die man behandeln muss. Während beim Glückssyndrom der positive Erlebniszustand, also das gute Gefühl, im Vordergrund steht, sind es bei der Manie eher die Energie und eine schier unerschöpfliche Motivation.[4] Beide Zustände überschneiden sich sicherlich in vielen Punkten, und beide können gefährlich sein, auch wenn die Betroffenen es gar nicht merken.

Auf den ersten Blick scheint es zwar gar nicht schlecht, immer gut drauf zu sein. Doch der Punkt ist: Nicht jede Krankheit geht mit dem subjektiven Leiden des Kranken einher. Im Fall der Manie leidet der Patient überhaupt nicht, dennoch setzt er sich einer hohen Gefahr aus und hat erhebliche soziale Nachteile. Im Englischen unterscheiden Ärzte deshalb bei einer objektiv diagnostizierten Krankheit *(disease)* zwischen subjektivem Leiden *(illness)* und sozialer Isolation *(sickness)*.[5]

Der manisch Gestörte fühlt sich subjektiv fantastisch. Er ist hellwach, voller Tatendrang, sieht überall Chancen und sein Leben in einem glitzernden Licht des Erfolgs. Eigentlich der Idealtyp der Positiven Psychologie, möchte man meinen.

Doch der Manische ist im Größenwahn. Er schläft oft nur drei Stunden, redet viel, denkt assoziativ, meist ohne Zusammenhang, bildet gedanklich extrem schnelle Assoziationsketten und hat sogenannte *racing thoughts,* rasende Gedanken. Und er ist ständig abgelenkt! Whaaaaaah! Überhaupt hat er unglaublich viel physische Energie, dafür manchmal sogar Wahnvorstellungen und überhaupt kein Gefahrenbewusstsein. Exzessives Geldausgeben, Risikoinvestitionen, mangelnde Körperhygiene, ungeschützter Sex, alles egal! Für ihn gelten nur seine eigenen Regeln, nicht die Regeln des Zusammenlebens. Wie von der Tarantel gestochen wirft er bündelweise sein Geld aus dem Fenster (des geliehenen Sportwagens). Dabei handelt er völlig rücksichtslos, fährt über rote Ampeln, weil er meint, Regeln würden für ihn sowieso nicht gelten, und bringt damit alle in Gefahr, die Menschen um sich herum genauso wie sich selbst.

Manische zeigen selten Einsicht in ihre Krankheit, eben weil sie unter ihrem Gemütszustand überhaupt nicht leiden. Ihr Umfeld dafür umso mehr. Manische sind oft distanzlos und unsensibel gegenüber den Gefühlen ihrer Mitmenschen. Und sie neigen zu »Logorrhoe«, wie es vornehm heißt: Sie reden oft Bullshit, aber davon reichlich. In der Hochphase ihrer Manie haben sie so gut wie keine Impulskontrolle. Typische Langzeitfolgen sind darum Übergewicht, Alkoholismus und ein verfrühter Tod durch ihr fehlendes Risikobewusstsein.[6]

Im Fall von Bentalls Glückssyndrom, das er auch als »endogenes Glück« beschreibt, äußert sich das Zwanghafte der Glücklichen in Zuständen wie »übermäßigem Appetit« und »Erotomanie«. Mit anderen Worten: Sie schlagen sich gerne den Bauch voll und sind gut durchblutet, untenrum. Und ebenso wie der Manische verhält sich der Glückliche impulsiv, unvorhersehbar und irrational, vor allem, weil er sowohl sich als auch seine Umgebung völlig unrealistisch einschätzt.

Wie man es dreht und wendet, beide Krankheitsbilder zeigen, was schon die antike Stoa wusste: Der Normalzustand der menschlichen Existenz ist nicht der glückliche Zustand, sondern der nicht glückliche Zustand. Umso mehr wundert es, dass viele Menschen etwas anstreben, was in seiner Idealform gar nicht wünschenswert ist.

Verliebtheit ist nur ein Mangel an Serotonin

Die meisten Menschen sind gern verliebt, alles erscheint so leicht und frei und warm.

Verliebtheit ist eine weitere Spielart des extremen Glücks; die Ikone unter den Glücksgefühlen. Erinnern Sie sich noch, wie es war, damals, als Sie das erste Mal so richtig verknallt waren? Die Ohren rauschen, Sie selbst rauschen, Sie sind in Ekstase, wie im Wahn, Sie zittern, können kaum essen oder schlafen, und wenn, dann murmeln Sie im Schlaf vor sich hin: »Der Liebe leichte

Schwingen trugen mich; kein steinern Bollwerk kann der Liebe wehren, und Liebe wagt, was irgend Liebe kann.«[7] Einfach wunderbar. So, wie Romeo Montague unterm Balkon schmachtet, sollte es immer sein. Oder?

Lieber nicht. Auch wenn Sie mich jetzt für eine Spaßbremse halten: Verliebtheit ist für den Körper nichts als purer Stress. Wären wir permanent verliebt, »wären wir nach fünf Jahren tot«, sagt ein Paartherapeut.[8] Bloß gut, dass der Zustand zeitlich auf wenige Monate begrenzt ist, denn Verliebte sind maximal unzurechnungsfähig. Anders könnte man niemals erklären, warum einige Menschen ihre Auserwählten mit lächerlichen und gefährlichen Kunststücken beeindrucken wollen. Wie junge Leute im Park, die sich bei Kunststücken auf der »Slackline« (einem modernen Balancierband) die Hoden quetschen. Oder sich als Liebesbeweis den Vornamen der großen Liebe auf die linke Schulter tätowieren lassen. Johnny Depp zum Beispiel musste sein Liebestattoo für Winona Ryder »Winona forever« ändern lassen, heute steht »Wino forever« auf seinem Arm. Erst vor Kurzem musste er schon wieder etwas überstechen lassen. Aus »Slim«, dem Spitznamen seiner letzten Ehefrau, wurde nach einem bitteren Gerichtsverfahren »Scum«, auf Deutsch »Abschaum«.

Tatsächlich liegt bei Verliebten eine hormonell nachweisbare Zwangsstörung vor. Dafür könnte ein abfallender Serotoninspiegel verantwortlich sein, den man auch bei Patienten mit anderen Verhaltensstörungen feststellen kann.[9] Obwohl man zunächst annehmen würde, dass es aufgrund des Glücksempfindens eigentlich genau andersherum sein müsste, aber nein: Verliebte sind so fixiert auf die begehrte Person, dass dieselben Botenstoffe wie bei zwanghaftem Verhalten ausgeschüttet werden. Das ist höchstwahrscheinlich der Grund für die unzurechnungsfähigen Handlungen von verliebten Menschen. Die Psychiaterin Donatella Marazziti spricht darum von einem »temporären Zustand des Wahns«.[10]

So ist es wenig überraschend, dass dieser spezielle menschliche Zustand nicht in allen Kulturen so positiv besetzt ist und als erstrebenswert gilt. Bei den Makassar-Stämmen auf der indonesischen Insel Sulawesi zum Beispiel betrachtet man Verliebtheit als eine Krankheit mit körperlichen Symptomen, die vor allem in der Pubertät auftritt. Einige, die sie trifft, werden zu einem Heiler geschickt, um sich therapieren zu lassen, wie die Anthropologin Birgitt Röttger-Rössler herausgefunden hat.[11] Dann ist nämlich nichts mehr mit Unfug wie *der Liebe leichter Schwingen*. Auf Sulawesi hätte Julia Capulet sehr wahrscheinlich ein längeres Leben geführt.

Aber nicht in Japan. Denn dort gibt es das höchst makabre Phänomen des Doppelsuizids mit dem Namen »Shin Ju«. Mit dem Argument, dass es ja niemals wieder im Leben so schön sein kann wie in diesem Moment der reinen Liebe, kommt es immer mal wieder vor, dass sich Verliebte gemeinsam das Leben nehmen. In früheren Jahrhunderten betrachtete man diese Form des Suizids, den Liebestod, als einen Akt »großer Schönheit und Vornehmheit«.[12]

Tötungshemmung

Blickt man auf Verliebte, wird klar: Euphorie kann lebensgefährlich sein. Doch es geht noch extremer. Wenn gesunde Menschen angsthemmende Mittel wie Benzodiazepine einnehmen und sich dadurch in einer sehr heiteren Grundstimmung befinden, sinkt ihre Hemmung, andere zu töten. Was erst einmal absurd klingen mag, konnte der Neurowissenschaftler Joshua Greene zeigen.[13] Er hat untersucht, unter welchen Bedingungen Versuchspersonen theoretisch bereit wären, einen Menschen mit eigenen Händen von einer Brücke zu stoßen, um dafür fünf andere Menschen zu retten. Ergebnis: Die normalerweise starke Hemmung, andere zu töten, wurde herabgesetzt durch eine extrem fröhliche Stimmung – hervorgerufen etwa durch Medikamente, die die Aktivität des Angstschaltkreises im Gehirn senken. Und je weniger Angst ein Mensch generell empfindet, desto weniger Hemmungen hat er, andere zu töten.

Auch in der Kulturgeschichte finden sich dafür viele Belege. Zu allen Zeiten haben sich Krieger vor einer Schlacht mit Gesängen und Ritualen aufgeputscht und mit Rauschmitteln in euphorische Zustände versetzt, um skrupellos töten zu können. Glück und Gewalt liegen paradoxerweise oft nah beieinander.

Ein eingängiges Beispiel dafür ist der Nationalsozialismus: Die deutschen Wehrmachtssoldaten haben massiv Metamphetamin konsumiert, das seit 1938 unter dem Namen »Pervitin« auf dem Markt war. Heute ist die Substanz bekannt als »Chrystal Meth«. Millionenfach wurde es von den Nazis im Zweiten Weltkrieg eingesetzt, vor allem während der Blitzkriege in den Jahren 1939/40 gegen Polen und Frankreich. Die deutsche Wehrmacht hatte allein für den Frankreichfeldzug im Jahr 1940 über 35 Millionen Tabletten bei der Firma Temmler bestellt.[14]

Und das aus triftigem Grund: Metamphetamin ist ein hochwirksames Mittel zur Dämpfung des Angstgefühls. Es steigert das Selbstwertgefühl, schärft die Sinne, macht euphorisch und optimistisch, während Müdigkeit schlagartig verschwindet. Der Konsument ist hellwach, furchtlos und fühlt sich unbesiegbar. Gleichzeitig senkt das Mittel das subjektive Gefühl für Kälte, Hunger, Erschöpfung und Schmerz. Perfekte Eigenschaften also für furchtlose Kampfmaschinen an der Front. Darum war die Droge auch ab Beginn des Krieges als »Panzerschokolade«, »Hermann-Göring-Pille« oder »Fliegermarzipan« bekannt.

Ein Volk in Euphorie

Nachdem der Chemiker Fritz Hauschild in den Berliner Temmler-Werken im Jahr 1937 das perfekte Syntheseverfahren für Metamphetamin gefunden hatte, wurde es in den Fabrikkesseln in Berlin-Adlershof und Tempelhof gebraut. Denn mit Hitlers Machtergreifung und dem Machtwechsel vollzog sich auch ein »Substanzwechsel«, wie der Autor Norman Ohler schreibt. Waren in den Zwanzigerjahren eher die »naturbasierten« Drogen Heroin, Morphium und Kokain in Mode, kamen in den Dreißigerjahren die synthetischen Drogen wie Metamphetamin dazu.[15]

Anfangs war das allerdings nicht nur für Soldaten gedacht, sondern für das ganze Volk. Das Präparat wurde für den zivilen Markt entwickelt, so der Historiker Gorch Pieken.[16] In wissenschaftlichen Publikationen als Wundermittel angepriesen, wollte man damit »Simulanten, Arbeitsunwillige, Miesmacher und Nörgler«[17] zum effizienteren Arbeiten motivieren. Vermarktet wurde die Substanz ähnlich wie Coca-Cola als Muntermacher ohne Nebenwirkungen. Fernsprechbeamtinnen sollten so auch ihre langen Schichten durchhalten, Krankenschwestern ihren anstrengenden Nachtdienst. Als mit Beginn des Krieges die Kaffeebohnen ausgingen, hat man gern schon am Morgen Pervitin in den dünnen Malzkaffee gerührt, um hellwach in den Tag zu starten.[18] *Start your day right!*

Für die erschöpfte Hausfrau gab es sogar Pralinen, denen faktisch Chrystal Meth beigesetzt wurde, die sogenannte Hausfrauen-Schokolade unter dem Markennamen »Hildebrandt-Pralinen«. Dabei ging es aber nicht nur um einen »heiteren Alltag«, sondern auch um die Idee, die Libido und »Sexualkraft der Frau« zu steigern.[19] Die Kirsche auf dem Sahnehäubchen: Die Droge war sogar als »Schlankmacher« bekannt. Pro Praline waren schlappe 14 mg Metamphetamin enthalten. Das war etwa fünfmal so viel wie in einer herkömmlichen Tablette. Hoppala.

Metamphetamin macht also nicht nur mordlustig, sondern auch lüstern, es enthemmt die menschlichen Urinstinkte: Sexualität und Gewalt, oder wie Freud sagen würde, Eros und Thanatos. Die Idee dahinter war die einer euphorisierten Hochleistungsgesellschaft, also die totale Leistungssteigerung, in der Fabrik, im Bett und auf dem Schlachtfeld.

Das Oberkommando der Wehrmacht und Hermann Görings Reichsministerium für Bewaffnung und Munition stuften Pervitin 1941 sogar als kriegsentscheidend für den Russlandfeldzug ein. Heinrich Böll, der von der Wehrmacht als Dolmetscher eingesetzt wurde, schrieb in seinen Briefen in die Heimat oft von der Droge: »Die Musik ist manchmal wirklich ein großer Trost für mich (im übrigen Pervitin nicht zu vergessen, das ganz besonders nach Nächten mit Alarm wunderbare Dienste tut).«[20] Er erwähnte seine Sucht so offenherzig, weil ihm die schwerwiegenden Risiken offenbar nicht bekannt waren. War das Mittel zu Beginn noch für alle frei erhältlich, bemerkte man bald das extreme Suchtpotenzial. Bereits 1941 fiel Pervitin unter das Opiumgesetz und war fortan rezeptpflichtig. An der Front ignorierte man das, und nicht nur in Deutschland. Inzwischen konsumierten auch die britischen, amerikanischen und japanischen Einheiten Metamphetamine.[21]

Während einige Soldaten wenige Schäden davontrugen, hatten andere Angstzustände, Halluzinationen und Wahnvorstellungen, die so massiv sein konnten, dass sie sich oder ihre Kameraden erschossen. Viele starben an Herzversagen. Metamphetamin ruiniert den Körper ebenso wie den Geist und macht extrem abhängig. Auch Erwin Rommel, der spätestens in der nordafrikanischen Panzerdivision überhaupt kein Gefahrenbewusstsein mehr zeigte, und sogar Adolf Hitler sollen süchtig nach der Substanz gewesen sein.[22]

Man könnte meinen, nach Ende des Zweiten Weltkriegs wären euphorisierte Soldaten geächtet gewesen, die im Drogenrausch hoch konzentriert und hemmungslos töteten. Doch keineswegs. Die USA haben Metamphetamine auch im Vietnamkrieg verwendet. Die Temmler-Werke belieferten noch lange sowohl West- als auch Ostdeutschland. Bis 1975 gehörte Pervitin zur Notverpflegung deutscher Fallschirmjäger. In der Bundesrepublik wurde es als Medikament erst Ende der 1980er-Jahre komplett vom Markt genommen. Die U.S. Air Force hingegen setzte Methamphetamin noch länger als sogenannte *go pill* bei *special operations* ein, als *fatigue management medication*. Dann wurde es offiziell verboten, die U.S. Air Force nahm Anfang 2000, besonders im Golfkrieg, lieber Dexamphetamin.[23] Klingt wie Traubenzucker, war aber immer noch Speed. Im Afghanistankrieg 2002 hat ein US-Air-Force-Pilot in einem *friendly fire* aus Versehen vier kanadische Soldaten abgeschossen. Er soll das Amphetamin überdosiert haben.[24]

Wie Ecstasy und andere Amphetamine ist Chrystal Meth ein von außen induziertes Maximalglück, das dem Konsumenten das Gefühl gibt, unbezwingbar zu sein. In der preisgekrönten Serie *Breaking Bad,* in der ein Chemielehrer zum mächtigsten Crystal-Meth-Lieferanten der USA aufsteigt, heißt es im berühmten Zitat, Meth »kicks like a mule with his balls wrapped in duct tape«, frei übersetzt: Es haut rein wie ein Gaul, dessen Eier von Panzertape zusammengequetscht werden. Doch wie der Name der Serie schon sagt: Die Folgen einer Abhängigkeit von Meth können düster und verheerend sein, schnell steht man am brüchigen Rand des Abgrunds. Abfallender Blutdruck, Schweißausbrüche und Krampfanfälle sind noch die harmlosen Nebenwirkungen. Depressionen, extreme Euphorie oder Aggressionen kommen hinzu. Der Protagonist aus *Breaking Bad,* Walter White, genannt »Heisenberg«, würde da nur sagen: Ich bin nicht in Gefahr. Ich *bin* die Gefahr.

Glückstaumel ohne Rücksicht

Wir haben das Kapitel glücklich begonnen und sind bei lebensgefährlichen Nazidrogen gelandet. Wie konnte es so weit kommen? Denken wir noch einmal an das »Glückssyndrom« vom Anfang zurück. In seinem extremen Taumel lebt der Glückskranke gut und gerne im Moment, aber langfristige Konsequenzen für sich und andere blendet er aus. Seine Selbsttäuschung und die vielen unrealistischen Einschätzungen der eigenen Fähigkeiten haben folgenschwere Konsequenzen, so der Psychologe Bentall.[25] Ähnlich wie bei Drogen und Aufputschmitteln ist das Euphorielevel zwar für den Moment extrem hoch. Auf Dauer führt es aber zu Raubbau an Körper und Geist. Zugegeben, ein Extremfall, aber er verdeutlicht den grundlegenden Irrtum des hedonistischen Glücksstrebens.

Wir sehnen uns nach Zuständen, die sich für den Augenblick gut anfühlen und für die wir viele verschiedene Begriffe haben: Glück, Euphorie, Heiterkeit, Hochgefühl, Rausch, Fröhlichkeit, Verliebtheit, Vergnügen, Taumel, Jubel, Wonne und so weiter. Wir möchten am liebsten für immer in diesen Zuständen verweilen, aber blenden aus, dass wir für diesen einen besonderen Moment einen hohen Preis zahlen.

Klar, wir alle lieben die Jagd nach dem kurzfristigen Glücksrausch, aber sie macht uns paradoxerweise gar nicht glücklicher. Doch nicht nur das, in der Euphorie selbst werden wir zu schlechteren Menschen. Dem Überglücklichen, wie dem Manischen, dem Verliebten und dem Berauschten, ist das Umfeld und das soziale Gefüge egal. Er ist mit sich und seinem Hochzustand beschäftigt: »Lassen Sie mich durch, ich bin glücklich!«

Glück ist in seiner Extremform keine soziale Emotion, sondern verleitet zu rücksichtslosem Egoismus. Doch wenn der Glückstaumel eigentlich ein kognitiver Ausnahmezustand und eine »abnormale Funktion« des zentralen Nervensystems ist, der uns hartherzig machen und für alle gefährlich werden kann – warum ist er dann überhaupt ein Ideal unserer Zeit, das wir so sehr begehren?

Zweiter Teil

Der Glücksterror nervt, macht alle irre und baut einen sinnlosen Erwartungsdruck auf. Er verlagert politische Probleme auf eine psychische Ebene und macht so den Einzelnen für sein Schicksal komplett verantwortlich. Im Streben nach Glück ziehen wir uns wie Kinder ins »hyggelige« Wohnzimmer zurück. Je mehr Coaches vom »wahren Selbst« fantasieren, desto unauthentischer leben wir. Kurzum: Die Glückssuche macht unglücklich.

Doch ebenso, wie wir das Positive überbetonen, missachten wir das Negative. Das ist aber zu kurz gedacht, denn so, wie die Obsession mit dem Glück negative Folgen hat, hat das Negative überraschend viel Gutes.

Das Leben ist hart, und irgendetwas geht immer schief. Wir müssen uns das Recht zurückerobern, denken zu dürfen, dass einiges, sogar vieles, einfach schlecht ist – auch wenn uns inzwischen ein ganzes Buchgenre aus pseudowissenschaftlich optimistischer Lebensberatung vom Gegenteil überzeugen will.

Ein klassischer Buchtitel aus dieser Happy-Hippo-Welt, in der man aus allem etwas lernen soll, ist: *Wie ich den Burnout überlebte – und was ich daraus gelernt habe.* Viel ehrlicher wäre: *Ich bin immer noch extrem ausgebrannt – und es ist ein endloser Albtraum.* Statt *Der Schlüssel zu Optimismus, Selbstliebe und Energie!: Durch positives Denken nachhaltig Resilienz trainieren, Depressionen überwinden und mehr Kraft & Motivation aufbauen* oder *Gelassenheit lernen – Entspannung auf Knopfdruck: Wie Sie durch Achtsamkeit und einfache Methoden aus der Psychologie bewusster leben, Meditation praktizieren und Glück in Ihrem Leben anziehen* (so heißen diese Bücher tatsächlich) würde ich lieber lesen: *Hey, na, wir reihen positiv besetztes Esoterik-Vokabular in viel zu langen Sätzen aneinander, um Ihnen einzureden, dass ernsthafte Depressionen nur Ansichtssache sind und Sie sich nur nicht genug anstrengen, Sie Loser, und ja, das ist erst die Überschrift: Der Untertitel ist dermaßen lang, wenn Sie am Ende ankommen, sind auch Ihre letzten positiv aufflackernden Gefühle verschwunden, warten Sie es nur ab.* Statt *Glückliche Kängurus springen höher* (auch diesen Buchtitel gibt es wirklich) lieber *Kängurus sind eine Plage in Australien, deshalb werden sie regelmäßig abgeschossen, und je höher sie springen, desto eher werden sie getroffen und desto schneller sind sie tot.*

Erst neulich las ich: *Aus Sternenstaub erschaffen liegt es in deiner Natur, zu leuchten.* Ich möchte lieber nicht leuchten. Warum kann es nicht heißen: *Wie alle Menschen bist auch du sterblich und hast noch circa 45 Jahre, bevor du zu Staub zerfällst, gewöhne dich lieber an den Gedanken, denn er macht dich stark, und er kann unglaublich befreiend sein.*

Eine echte Erleichterung wären außerdem ehrliche Danksagungen in Büchern. Statt »Dieses Buch zu schreiben war eine wunderbare Erfahrung. Vor allem möchte ich meiner lieben Ehefrau Sandra für die Unterstützung danken« eher: »Dieses Buch war eine schmerzhafte Geburt, die eine unerklärlich lange Zeit gedauert hat. Währenddessen war ich in einem so angespannten und aggressiven Zustand, dass meine Frau und ich nun getrennte Wege gehen. Tut mir leid, Sandra. Aber du hast auch ein bisschen genervt.«

Ein Leben ohne Schmerz ist möglich, aber sinnlos

Meine Malerei trägt die Botschaft
des Schmerzes in sich.
Frida Kahlo[1]

Stellen Sie sich vor, Sie würden nie wieder Schmerzen spüren. Wäre das nicht herrlich? Wenn der Zahnarzt mit dem sirrenden Bohrer den Nerv des Backenzahns trifft, bleiben Sie ganz entspannt. Wenn Sie mit dem kleinen Zeh am Bettpfosten hängen bleiben, zucken Sie nicht einmal mit der Wimper. Nach einem Spaziergang mit den nagelneuen Schuhen haben Sie zwar riesige Blasen an den Fersen, aber Sie spüren rein gar nichts. Migräne, Muskelkater, Magenschmerzen: nicht mehr mit Ihnen! In Ihrem blühenden Vorgarten ziehen äsende Rehkitze über die Wiesen, und das Leben ist rosig und wattiert, wie nach einer Überdosis Ibuprofen. Nun ja, nicht ganz.

Schmerz rettet Leben

Zum Glück, denn Schmerz ist lebensnotwendig. Das zeigt die dramatische Geschichte des kleinen Léonard aus Stockholm, der aufgrund eines seltenen Gendefekts keinen Schmerz spüren kann.[2] Schon als neunjähriger Junge ging er gekrümmt über dem Rollator, weil er sich in noch jüngeren Jahren Dutzende Knochen gebrochen hatte. Geweint hat er dabei nie. Manchmal tut er so, als würde er weinen, doch das hat er sich von den anderen Kindern abgeguckt. Früher fanden seine Eltern ihn am Morgen oft blutverschmiert im Kinderbett, weil er sich so tief durch Haut und Muskeln gekratzt hatte, bis er zu den Knochen vorgedrungen war. Eine Folge seiner ungehinderten Neugier ist außerdem die verstümmelte Nase, durch die er hindurchgebohrt hat. Ohne seine Eltern darf Léonard das Haus nicht verlassen. Zu groß ist die Verletzungsgefahr. Er wird nie ein normales Leben führen.

Das ist sicher ein drastisches Beispiel, aber es zeigt, dass Schmerz ein wirkungsvoller Schutzmechanismus des Körpers ist, ohne den wir uns nicht nur sämtliche Körperteile brechen, sondern überhaupt nicht überleben würden. Ohne Schmerzempfinden würden wir unsere Hand erst dann von der heißen Herdplatte nehmen, wenn es brenzlig riecht. Oder vielleicht auch gar nicht.

Sie ahnten es bereits: Negatives ist oft wichtig. Negative Empfindungen und Gefühle hätten sich in der Evolution nicht durchgesetzt, wenn sie nicht eine wichtige Funktion hätten. Doch einige denken, Schmerz sei nichts weiter als eine Funktionsstörung, einfach weil er unangenehm ist und uns im Leben beeinträchtigt. So meint zum Beispiel der Kulturwissenschaftler Byung-Chul Han, rein körperlicher Schmerz sei heute oft sinnlos, weil er zu einer »rein körperlichen Qual verdinglicht« werde.[3] Doch im Gegenteil: Biologisch gesehen ist Schmerz ein starker Motivator. Er treibt uns an, unsere Wunden zu stillen, und ist so ein wichtiger Teil der Vitalfunktion unseres Körpers. Wenn überhaupt, sind psychische Leiden wie Depressionen viel näher am Erlebnis existenzieller Sinnlosigkeit als körperliche Leiden. Das gähnende Gefühl innerer Leere und Hoffnungslosigkeit, das bleiern über einem liegt. Man hat keine Wünsche, keine Ziele mehr, alles ist gleichgültig, stumpf und taub, man findet keinen Antrieb, keine Motivation und verfällt in fatalistisches Denken. Dagegen ist Schmerz zu spüren manchmal besser, als überhaupt nichts mehr zu spüren.

Körperlicher Schmerz ist ein Feedback-Mechanismus, der uns anzeigt, bis wohin man den verstauchten Zeh belasten sollte und ab wann besser nicht mehr. Der Schmerz sagt uns: »Hallo, jetzt bitte schnell etwas unternehmen, vielen Dank!« Die Erwartung von Schmerz hilft uns dabei, ohne Verletzungen durch den Alltag zu manövrieren. Weil wir wissen, wie unangenehm es ist, uns auf die Zunge zu beißen, probieren wir es gar nicht erst aus. Schmerz ist in dem Fall also nicht unser Feind, sondern ein etwas strenger Freund, der uns nur beschützen will.[4]

Eine zweite Funktion ist fast noch wichtiger: Solange die Heilung im Gange ist, zeigt uns Schmerz an, was man jetzt besser noch nicht bewegen sollte, weil es noch nicht abgeheilt ist. Denken Sie etwa an die Schonhaltung, die man intuitiv einnimmt, wenn man mit einer gezerrten Schulter im Bett liegt. Selbst bei Tieren kann man das beobachten. Auch das war vermutlich evolutionär gesehen vorteilhaft: schmerzhafte Ereignisse nicht nur zu vermeiden, sondern vorhandene Wunden auch zu schonen und so die Wundheilung sicherzustellen.

Seelischer Schmerz

Was für den körperlichen Schmerz gilt, kann man auch auf den seelischen Schmerz übertragen, der uns häufig darauf hinweist: »Achtung, hier ist etwas aus dem Gleichgewicht geraten.« Ganz allgemein kann man negative Emotionen als Alarmanlage des Körpers auffassen: Sie bewerten unsere Umwelt und unsere sozialen Interaktionen.[5]

Angst zum Beispiel warnt uns vor Gefahr und sagt uns »Achtung, wild gewordener Pavian mit Schaum vorm Mund im Anmarsch« oder »Lass mal lieber nicht zu diesen drei fiesen Typen unter der Bahnunterführung gehen«. Sogar Eifersucht ist wahrscheinlich ein evolutionärer Mechanismus, der Partnerschaften stabilisiert, denn er zeigt uns auch an: »Ey, jemand will was von deinem Partner, pass mal besser auf.«[6] Einem der einflussreichsten Emotionsforscher unserer Zeit, Antonio Damasio, zufolge sind alle Lebewesen darauf angelegt, immer wieder ein körperliches Equilibrium herzustellen.[7] Hier ist die grundlegende Idee dieses Ausgleichs: Wir haben Hunger, also essen wir; wir sind müde, also schlafen wir; es juckt, wir kratzen uns – all das, um wieder ins Gleichgewicht zu kommen. Für dieses Fließgleichgewicht sorgt aber nicht nur der Stoffwechsel, sondern auch unsere Körperempfindungen und Emotionen.

Wer nun aber andauernd positives Denken predigt, verkennt dabei die biologischen Grundlagen unseres Körpers und unterliegt einem Trugschluss, denn er möchte das negative Erleben von Gefühlen beseitigen. Das Bedürfnis ist verständlich. Schmerz, Angst, Wut oder Traurigkeit sind keine Zustände, die wir genießen. Doch dabei übersieht man leicht die wichtige Funktion dieser Gefühle. So paradox es klingen mag: Gerade weil wir einige Gefühle negativ empfinden, sind sie positiv, denn sie helfen uns enorm im Leben. Psychologen sagen, diese Gefühle haben zwar eine »negative Valenz«, sie fühlen sich also schlecht an, sie haben aber eine positive Funktion.[8] Das ist auch einleuchtend, denn Schmerz schützt uns vor Körperverletzungen, Höhenangst warnt uns vor Sturzgefahr, Sorge um unsere Familie lässt uns umsichtig und vorsichtig agieren. Weil wir diese negativen Gefühle beseitigen wollen, stellen wir somit immer wieder das Fließgleichgewicht her. Das dauert manchmal lange, aber läuft sicherlich nicht dadurch besser, dass man Angst, Schmerz und Leid einfach verdrängt oder schönredet.

Von der Trauer

Jeder, der einmal auf einer Beerdigung eines Angehörigen war, hat vermutlich das tiefe Gefühl der Trauer am eigenen Leib erlebt. Es schmerzt, oft sogar sehr. Der Versuch zu begreifen, dass ein geliebter Mensch plötzlich einfach nicht mehr da ist, fühlt sich oft an wie ein Griff ins Leere. Man friert, und man ist hilflos. Das eigentlich Qualvolle an Trauerfeiern ist, dass sie den unbegreiflichen Schmerz auf einen ganz bestimmten Moment konzentrieren.

Der Mensch ritualisiert seine Trauer, um Abschied von seinem Angehörigen zu nehmen, aber auch, um selbst innerlich besser abschließen zu können. Und das tut er schon sehr lange. Zu den ältesten Bestattungen des modernen Menschen zählen 120.000 Jahre alte Gräber in den israelischen Höhlen Skhul und Qafzeh.[9] Das Unvorstellbare, der Verlust eines Menschen, wird so für einen kurzen Augenblick real. Doch dieser Gipfel des Schmerzes hilft, um viel später auch nur annähernd seinen Frieden mit der Unwiederbringlichkeit eines Lebens schließen zu können.

Trauer ist die tiefste Form des seelischen Schmerzes und damit das extreme Gegenteil des Glücks. Die Berechtigung, die dieses Gefühl in jedem Leben hat, ist universell. Und doch leben wir in einer Kultur, die Trauer, so gut es geht, vermeidet und nur ungern zulässt, wie etwa Megan Devine in ihrem Buch *It's Okay That You Are Not Okay* beschreibt. Unsere kulturelle Haltung, Trauer zu vermeiden oder abzulehnen, zieht negative Folgen nach sich, so Devine. Vor sich selbst und anderen zu tun, als würde man richtig gut mit einem Verlust klarkommen, wenn er unerträglich schmerzt, trägt wenig zur Linderung bei. Vielmehr besteht die Gefahr, dass der Schmerz sich anders – in Form von Ängsten, Depressionen oder sozialer Abschottung – äußert oder einfach viel langsamer vergeht.[10] Wir müssen Trauer zulassen, so Devine. Trauern ist wichtig für Menschen, um mit ihrem Leid umzugehen und um den Schmerz zu lindern. Dabei hat Trauer auch eine wichtige soziale Funktion, denn sie signalisiert anderen, dass wir Hilfe und Zuwendung benötigen. Wenn wir es immer unterdrücken würden, könnten andere gar nicht sehen, dass es uns schlecht geht.

Doch selbst beim Trauern machen sich Menschen Druck. Einige fragen sich: Trauern wir wirklich richtig? Es gibt sogar Ratgeber zum korrekten Trauern. Der »gesunde Weg«, mit dem Schmerz fertigzuwerden, folgt den fünf Stufen des Trauerns, entwickelt von Elisabeth Kübler-Ross im Jahr 1969.[11] Die berühmten fünf Phasen sind demnach Verweigerung, Wut, Verhandeln, Depression und Akzeptanz. Damit soll die »Trauerarbeit« abgeschlossen sein. Doch die Trauer vieler Menschen folgt nicht diesem Plan. Manche akzeptieren den Verlust schnell, sind aber trotzdem zu Tode betrübt. Bei anderen kommt die Wut erst spät und wechselt sich mit Depression ab. Das Festhalten an einem Trauerskript führt eher dazu, dass Menschen hadern und sich fragen, ob sie etwas falsch gemacht haben, was zusätzlichen Kummer erzeugt. Manchmal wird Trauernden auch vorgeworfen, sie würden nicht schnell genug über den Verlust hinwegkommen, was dazu führt, dass man sich dann doch wieder nicht traut, offen über den immer noch andauernden Schmerz zu sprechen. Hinzu kommt, dass Trauer ein passives Gefühl ist; es kommt über uns. In der heutigen Leistungsgesellschaft wird aber das aktive Handeln belohnt. Kulturell haben wir also Schwierigkeiten, mit passiven, zu erleidenden Schicksalsschlägen umzugehen, die wir nicht umdeuten können.

Bei jedem Leiden betont unsere Kulturerzählung den glanzvollen Kampf, das Ringen mit sich selbst, bei dem am Ende die Heilung steht. Alles wird gut, wenn Sie sich nur genug anstrengen! Einige sprechen sogar von einem heutigen »Gilded Age of Failure«, also einem »Zeitalter des vergoldeten Scheiterns«.[12] Es ist doch immer etwas Gutes am Scheitern, Stichwort »dornige Chancen«, es macht uns widerständiger, größer, treibt uns an, oder nicht? So fetischisieren wir den Prozess der Genesung. Das passt in die spätkapitalistische Legende, wonach schlechte Dinge nur passieren, damit man an ihnen wächst. Das Happy End wird kommen, und es wird sich immer lohnen.

Das Ding ist nur: Trauer sprengt diesen wachstumsorientierten Rahmen in jeder Hinsicht. Sicher, Trauer kann einen Menschen verändern, seine Sicht aufs Leben prägen, und man erfährt auch einiges über sich selbst. Doch aus dem Tod eines anderen Menschen erwächst keine Selbstverbesserung. Man kann daraus nichts *Produktives* lernen. Jedenfalls nichts, was man nicht auch aus anderen Dingen hätte lernen können. Allenfalls die fundamentale existenzielle Einsicht: Unsere Lebenszeit ist gnadenlos begrenzt und gerade darum unendlich kostbar.

Schmerz als Schwäche

Unsere Kultur des Glücks verneint den Schmerz, den körperlichen genauso wie den seelischen, und sie ignoriert seine biologische und soziale Funktion. Das hat nicht nur individuelle, sondern auch zwischenmenschliche Gründe. Als sozialen Wesen ist uns Status und Anerkennung wichtig. Bisher ließen vor allem alle möglichen materiellen Besitztümer den Status steigen, aber auch Leistung oder Wissen. Erst seit Kurzem kommt das hedonistische Glück als neue Dimension der Anerkennung hinzu. Die Glücklichen haben ein kostbares Gut, das wir alle gerne hätten. Seitdem man es mit Bildern der ganzen Welt zeigen kann, wird das edle Dinner am ausgewählten Boutique-Reiseort zum Ausdruck des erfüllten Lebens. Doch wenn das Zeigen des Glücklichseins selbst zum Status wird, gibt sich natürlich niemand die Blöße und redet öffentlich über dunkle oder schmerzvolle Erlebnisse – es könnte ja die Anerkennung von anderen mindern.

Wir haben also nicht nur verlernt, mit einer fundamentalen menschlichen Konstante umzugehen, nämlich mit unserem eigenen körperlichen und seelischen Schmerz. Wir haben auch verlernt, in der Gesellschaft angemessen darüber zu sprechen und jede mögliche Form von Leid, unser eigenes genauso wie das von anderen, zu akzeptieren und anzuerkennen. Schmerz gilt als Zeichen der Schwäche.[13] Und so wird man kreativ und erfindet verschiedene Mechanismen, um den Schmerz aus seinem Leben herauszuhalten oder ihn zu kaschieren, durch Betäubung und Rauschmittel, aber auch durch Auslagern, Ignorieren oder Schönreden. Unsere Kultur der Schmerzvermeidung (Byung-Chul Han nennt sie darum auch *Palliativgesellschaft*[14]) zeigt sich in ganz verschiedenen Bereichen: So wird etwa der Tod in unserer Kultur komplett ausgelagert. Gestorben wird im Pflegeheim und im Hospiz, nicht zu Hause. Kaum jemand stirbt noch im eigenen Bett, im Kreis der Familie. Dem Tod wurde die natürliche Selbstverständlichkeit genommen. Auch unsere Streitkultur zeigt, dass wir Dissonanzen und Konflikte lieber vermeiden. Ungern diskutieren wir in der öffentlichen Debatte die Dinge bis zum Ende durch. Sogar eine neue zwischenmenschliche Entwicklung fällt darunter, das Ghosting: Jemand beendet ganz plötzlich eine Freund- oder Liebschaft und verschwindet ohne Begründung oder Verabschiedung aus dem Leben einer Person und wird so zum »Geist«. Was früher als Konzept des »Ich geh mal kurz Zigaretten holen« durchaus vorkam, hat inzwischen auch bei Freundschaften zugenommen, die zum großen Teil digital stattfinden. Unbedingte Konfliktvermeidung ohne Rücksicht auf den Verlassenen. Überhaupt geht es ja viel um die eigene Komfortzone. Jeder Idiot sagt zwar »Du musst deine Komfortzone verlassen!«, aber nur wenige machen es tatsächlich, eben weil es oft schmerzhaft ist. Denn jedem Anfang wohnt ein Schmerz inne. Und jedem Ende sowieso.

Willkommen in Ihrer Komfortlounge

Alle reden davon, wie wichtig »Widerstandsfähigkeit« und »Resilienz« seien, aber in unserem Leben ist das genaue Gegenteil der Fall. Komfort ist alles! Wir streben ständig nach Komfort. Das Hotel, die Lounge, der Autositz, die Reise – sie alle müssen unbedingt weich und bequem sein. Man hat vor vierzig Jahren nicht gefragt, ob der Kombi auch genügend *Komfort* bietet, das Wort war gar nicht geläufig, das Auto musste gut fahren und genügend Stauraum haben. Heute müssen Dinge und Dienstleistungen maximale Freude und Wohlgefallen erzeugen, sie müssen schon in der Bedienung Erlebnisse auslösen und das Leben angenehmer machen. Die Decke wärmt nicht, sie ist kuschelig und beruhigend. Das Essen stillt nicht nur den Hunger, es fühlt sich gut an (natürlich detoxt es auch), das Hotel ist nicht ein Dach über dem reisenden Kopf, sondern der Ort für das Spa-Erlebnis, das Auto bildet einen ganzen Wohlfühlkokon für Karaoke. (Sicher, das ist angenehm, und niemand kann etwas gegen ein gepflegtes Weingummi-Sammelsurium auf Reisen einwenden, was meine persönliche Service-Fantasie sehr beflügelt. Aber ganz ehrlich, es ufert doch alles ein bisschen aus.)

Die Komfortisierung der Gesellschaft zeigt sich auch im Politischen: Wie oft Politiker Probleme aussitzen, statt sie zu lösen, konnte man auch gut daran sehen, wie Bund und Länder mit den einzelnen Coronawellen umgegangen sind. Auch das fiel anfangs unter das Prinzip »Schmerzvermeidung«. Doch gerade in Krisenzeiten ist das beliebte deutsche Abwarten keine gute Idee. Während der Pandemie sind mit jedem Tag des Nichthandelns Menschen gestorben.

Eine der drastischsten Ausformungen unbedingter Schmerzvermeidung äußert sich in der aktuellen Opioidkrise in den USA. Der schnelle Griff zum Schmerz- und Betäubungsmittel hat zu einer beispiellosen Welle der Drogenabhängigkeit geführt. Ärzte verschreiben viel zu oft hoch dosierte legale Opioide als Schmerzmittel, die schnell abhängig machen. In ihrer Abhängigkeit stiegen viele Patienten dann auf günstigere oder illegale Stoffe um. Besonders drastisch ist die Situation momentan mit dem synthetischen Opioid Fentanyl. Es ist hochwirksam und gleichzeitig sehr billig und wird darum von Drogenhändlern auch anderen Drogen untergemischt. Allein im Jahr 2020 starben in den USA 90.000 Menschen an einer Überdosis, davon nahm jeder zweite Fentanyl.[15] In den letzten zwanzig Jahren, von 1999 bis 2020, starben über 450.000 Menschen an einer Überdosierung von Opioiden.[16] Statt ihre Schmerzen zu eliminieren, haben diese Menschen sich selbst ausgelöscht.

Die unerträgliche Unsichtbarkeit des Leids

Die Opioidkrise in den USA ist nur ein Beispiel, wie die Kultur der Schmerzvermeidung der Gesellschaft schadet. Doch auch das Glück hat negative Auswirkungen auf das Zusammenleben, sobald es nämlich als persönliches Statussymbol fungiert. Ein Beispiel: Jonas ist ein guter Bürger, er zahlt seine Steuern, gießt seine Blumen, ist immer freundlich und nett. Eines Tages versucht er, von einer Brücke zu springen. Nach dem gescheiterten Suizidversuch fallen seine Arbeitskollegen und Freunde aus allen Wattewolken: Er war doch immer so fröhlich und hat doch so nett gegrüßt! Hier zeigt sich: Eigentlich hilfsbedürftige Menschen senden vermeintliche Signale des Glücks, oft aus Scham vor der Stigmatisierung durch die anderen oder aus Angst, ihr Leid zu zeigen und damit dem Ideal der glücklichen Selbstverwirklichung nicht zu entsprechen. Das Stigma ist gerade bei Depressionen noch immer sehr groß, auch weil zu wenig öffentlich darüber gesprochen wird. Und ähnlich wie beim Krebsmythos hält sich auch hier die krude Annahme, man hätte sich eine Depression irgendwie selbst eingebrockt. Sich nicht genug zusammengerissen oder nicht gesund genug gelebt. Einige denken noch immer, man müsse nur »ein bisschen mehr an die frische Luft« gehen oder wahlweise einfach mehr Schokolade essen. Aussagen wie »Das ist doch nur eine Ausrede« oder »Man muss ja nicht immer gleich zum Psychologen rennen« sind noch weit verbreitet. Eine Depression ist aber keine Charakterschwäche, sondern eine sehr ernst zu nehmende Krankheit – und jeder, der schon mal beim Psychologen war, weiß, dass sich der Spaßfaktor dort sehr in Grenzen hält.

Menschen bemerken stilles Leid selten, denn es ist nicht, oder kaum, von außen sichtbar. Was banal klingt, ist jedoch essenziell. Ein aufgeschlagenes Knie, aus dem leuchtend rotes Blut quillt, signalisiert ganz universell bei allen Menschen: »Hier hat sich jemand stark verletzt, bitte helfen!« Weil psychische und neurologische Krankheiten für Außenstehende nicht einsehbar sind, ist die Diagnose viel schwieriger als im Fall einer offen klaffenden Wunde. Dabei schmerzen gerade die unsichtbaren Krankheiten manchmal mehr als das blutende Knie. Oft sind sie auch langwieriger und richten größeren Schaden an. Das Knie ist in zwei Wochen verheilt, der Bandscheibenvorfall hingegen schmerzt über Monate, und die Depression kann einen ein Leben lang begleiten und ist im schlimmsten Fall sogar lebensgefährlich.

Das Problem mit der Unsichtbarkeit des Leids betrifft viele Personen mit chronischen, nicht sichtbaren Schmerzen. In meinem Fall ist es episodische Migräne. Während einer Schmerzattacke ruft ein Freund an, er möchte sich im Park treffen, es ist ein warmer Frühlingstag, die Leute essen Eis. Ich sage mit Migräne ab, doch er versteht meine Begründung nicht: »Ach, hab dich nicht so, bisschen Kopfschmerzen hab ich auch, nimm Ibuprofen und komm!« Es gelingt mir nicht, ihm meinen Zustand zu erklären. Migräne ist unsichtbar, und kaum jemand, der es nicht aus eigener Erfahrung kennt, findet einen Zugang zu dieser komischen, anfallartigen neurologischen Krankheit. Dieser Schmerz zeigt sich nicht als Wunde. Doch manchmal wünschte ich, es würde bluten, denn Menschen nehmen Dinge ohne Blut einfach nicht so ernst wie Dinge mit sehr viel Blut. Bei Migräne fühle ich mich wie ein verendendes Tier in der sengenden Steppe. Alles ist leer. Die Hülle meines Körpers ist nur noch ausgefüllt von Schmerz. Alles, was ich einmal war, verschwindet immer weiter, bis der Schmerz es besiegt. Wie aus Blei gegossen liege ich auf meiner Matratze, zweihundert Kilo schwer. Alles ist egal, ich habe Durst, ich zerberste, es pocht, ich bin nur noch ein Klumpen Schwermetall. Kann nichts sehen, nichts sagen, will nur trinken, vertrockne, pulsiere, aber auch das ist nicht mehr wichtig, ich will nur noch, dass es vorüber ist, egal wie. Ob man in diesem Zustand der Nichtexistenz ein Stück näher ist, wenn man da so liegt wie ein rohes, schmerzendes Stück Fleisch – vielleicht. Nach jeder Attacke ersteht man auf wie ein besoffener Phönix aus seiner eigenen Asche und fragt sich, was eigentlich passiert ist. Diese unglaublich beflügelnde Erleichterung, wieder frei von Schmerz zu sein! Bis die nächste Attacke kommt. Man weiß nie, wann und wo, sie kann immer zuschlagen. Dieses wunderbare, paradiesähnliche Gefühl von Schmerzfreiheit habe ich erst durch die häufigen Schmerzen kennengelernt. Von minus fünfzig auf Normalnull zurückzukommen fühlt sich an, als würde man plötzlich durch einen honiggoldenen Blütengarten wandeln und nie wieder irgendeine Dunkelheit erleben. Was das Kommunikationsdilemma mit Migränelaien betrifft, sage ich inzwischen lieber, ich hätte Fieber.

Unsere Obsession mit dem Positiven führt dazu, dass uns ein genaues Ausdrucksvermögen des inneren Leidens fehlt. Wir wollen unseren Schmerz nicht so gern in Worte fassen, und wir können es auch gar nicht so gut. Und selbst wenn wir es tun, wollen und können die anderen uns nicht richtig verstehen. Wir leben unter der Prämisse, dass alles gut sein muss, dass Leid im Leben und bei der Arbeit bloß stört und dass alles immer schon irgendwie gut werden wird. Und so wollen wir den Schmerz eliminieren, obwohl er uns eigentlich oft hilft. Dabei vergessen wir, dass die äußere Erscheinung, das äußere Bild, die Rolle, die wir spielen, selten verrät, wie groß der Schmerz, die Angst, die Sorgen im Inneren sind. Und obwohl wir in einer Zeit leben, in der wir alles psychologisieren, einer Zeit, in der die Terminologie der Therapie und Psychiatrie wie »Burn-out«, »Narzissmus«, »Angststörung«, »Resilienz«, »Dopamin« oder »unterbewusst« (obwohl es eigentlich »unbewusst« heißen müsste) inzwischen zum Alltagsvokabular gehört, sind wir dadurch keine besseren Psychologen geworden. Noch immer herrscht ein großes Missverhältnis zwischen dem Innen und dem Außen. Die fehlende Akzeptanz des Negativen führt dazu, dass viele Menschen ihr Leid verschweigen, obwohl man ihnen sonst besser helfen könnte. Und dazu, dass viele gar nicht erst durch die Fassade hindurch auf die anderen blicken wollen – und so die feinen Hinweise auf Schmerz, vor allem den seelischen, ignorieren.

Von Murrköpfen

Die Beschäftigung mit dem stets nach außen getragenen und zur Schau gestellten Glück lässt uns echten Schmerz übersehen, hat aber auch die umgekehrte Folge. Wir pathologisieren Menschen, deren Wesen einfach dauerhaft etwas düsterer ist. Während Glück neuerdings als der gesunde »Normalzustand« gesehen wird, betrachten wir das Nicht-Glück umgekehrt schon als eine Art Funktionsstörung. Doch so diagnostiziert man bei grummeligen Leuten, Murrköpfen und Miesepetern psychische Probleme, wo gar keine sind. Denken Sie etwa an den norddeutschen Fischkopp, für den eineinhalb Meter Abstand während Corona schon viel zu viel Nähe bedeutet hat: »Wann können wir wieder zurück zu unseren üblichen vier Metern Abstand? Danke für nichts.« Oder denken Sie an die Berliner Schnauze, mit der man zwar sehr gut aufwachsen, aber sich trotzdem noch immer daran stören kann: »Wat kieksten so wie 'n Topp Sauerkraut?« Stichwort »Berlin und Umland«. Man hört ja oft, Ostdeutsche seien pessimistischer als Westdeutsche, weil sie öfter ihren Missmut zum Ausdruck bringen. Vielleicht sind Ostdeutsche einfach nur ein bisschen authentischer und tragen das Herz mehr auf der Zunge. (Als jemand, der in den letzten Tagen der untergehenden DDR geboren wurde, kann ich das natürlich mit absoluter Autorität behaupten.) Während sich das kapitalistische Wirtschaftswachstum immer im Vorwärtsstreben zeigt und in einem unerschütterlichen Optimismus, erzählt man im sozialistisch geprägten Osten bis heute den Witz:

»Warum gibt es im Westen 13 Schuljahre? Nach der 12. Klasse haben sie noch ein Jahr Schauspielunterricht.«

Murren ist ein Ausdruck von Authentizität, denn niemand spielt anderen schlechte Laune vor.

Die Positiven Psychologen mögen die Murrköpfe nicht. Das beruht übrigens auf Gegenseitigkeit. Probieren Sie mal aus, wie der Griesgram reagiert, wenn Sie ihm sagen: »Lächeln Sie doch mal!«

Weltschmerzbewältigung

Historisch gesehen beschäftigen sich die Menschen erst seit Kurzem mit ihrem Glück und der eigenen Entfaltung ihres Selbst. Es ist ein verhältnismäßig junges Phänomen und vor allem ein Zeichen der Wohlstandsgesellschaft. Nie zuvor haben Menschen auch nur annähernd die Möglichkeit gehabt, sich zu fragen, ob sie bereits glücklich genug sind oder ob da noch Luft nach oben ist. In den vergangenen Jahrtausenden hat ein Großteil der Menschheit seine Lebenszeit damit verbracht, sich existenzielle Sorgen zu machen, unerträgliche Schmerzen zu erleiden und andauernd mit dem Tod geliebter Menschen konfrontiert zu werden. Im 19. Jahrhundert starb in Europa noch jedes zweite Kind vor seinem fünften Lebensjahr. Die Menschen wurden nicht alt, ihr Leben bestand aus harter Arbeit, zu essen gab es wenig. Auf Hygiene wurde kaum geachtet. Offene Wunden verheilten nicht. Diphterie, Typhus oder eine Blinddarmentzündung haben für die meisten einen qualvollen Tod angekündigt. Erst 1927 wurde mit Penicillin das erste Antibiotikum entwickelt. Allein Zahnoperationen mit Narkose waren über viele Jahrtausende undenkbar. Unsere langlebige und recht schmerzbefreite Existenz ist also noch ganz grün hinter den Ohren. So ist es vielleicht kein Zufall, dass in den meisten großen Weltreligionen und ebenso bei den Griechen und Römern der Antike die Themen Leid, Schmerz und Tod im Mittelpunkt der Lebensphilosophie standen – und die Frage, wie man damit umgeht. Die Tragik unserer unvollkommenen menschlichen Existenz, der immer ein jähes Ende droht, war allen stets bewusst, auch wenn die Bewältigungsstrategien ganz unterschiedlich ausfielen.

Die Christen hoffen bis heute aufs Himmelreich, die Buddhisten üben sich in Seelenruhe. In der griechisch-römischen Lebensphilosophie der Stoa ging es darum, den Schmerz ertragen zu lernen, um innere Unabhängigkeit von Schicksalsschlägen zu erlangen. Der römische Philosoph Seneca empfahl, sich stets mit dem möglichen Tod zu konfrontieren, um das Leben besser wertschätzen zu können.[17] Die Mönche des Mittelalters brachten das später auf die einfache Formel »Memento mori«: Gedenke deiner Sterblichkeit.

Das ist sicher auch der Grund, warum die Tragödie als die höchste Gattung der griechischen Kunst galt. Unerklärliches Leid, über die Menschen hereinbrechende Schicksalsschläge, die unverschuldete Ausweglosigkeit, der Zufall der Existenz: All das passt in kein anderes Genre. Die Komödie war dagegen als Kunstform eher zweitrangig. Der Heiterkeit fehlte einfach etwas Substanz.[18]

Kunst, Religion und Philosophie waren über Jahrtausende Teil einer Kultur der Schmerzbewältigung. Heute sind daraus Ausmalbücher und Komfortlounges geworden. Wir leben inzwischen in einer Kultur der Verdrängung: des Schmerzes, des Leides und des Todes. Statt unser Innenleben in seiner gesamten emotionalen Bandbreite zu respektieren, wollen wir das Leid lieber ignorieren.

Seneca würde da nur beflissen in sein Brusthaar murmeln: »Semper vero esse felicem et sine morsu animi transire vitam ignorare est rerum naturae alteram partem.«[19] Auf Deutsch: »Stets aber glücklich zu sein und ohne Schmerz durch das Leben zu gehen heißt, nur eine Seite der Natur zu kennen.«

Schöner schimpfen

Thank you for the tragedy.
I need it for my art.
Kaffeetassenspruch (Kurt Cobain zugeschrieben)

Hier kommt ein kleines Experiment für zu Hause: Füllen Sie einen Eimer mit eiskaltem Wasser und Eiswürfeln, und halten Sie Ihre linke Hand hinein. Stoppen Sie dabei die Zeit, wie lange Sie diesen Zustand aushalten. Wiederholen Sie danach den Versuch mit der rechten Hand, aber nehmen Sie vorher folgende Liste zur Hand, und lesen Sie sich die Wörter laut und mit Nachdruck vor, am besten mit der Stimme von Helge Schneider:

Du
Arschkrampe
Senfgurke
Fluddertrine
Flachzange
Mistfink
Schweine-Sau-Sack
Nacktmull
Schluchtenscheißer
gemeiner Pimmler
Schwingtitte
Zipfelklatscher
Hoden-Gnom
!

Dieses Experiment – mit etwas anderen Wörtern – haben Psychologen in den USA durchgeführt.[1] Das Ergebnis: Wer flucht, kann die körperlichen Schmerzen deutlich länger aushalten. Das Schmerzempfinden wurde beim Fluchen herabgesenkt. Es bringt also gar nichts, zu sagen »Denke positiv« oder »Das wird schon«. Viel effektiver sind wüste Schimpfwörter. »Fuck, fuck, fuck, fuck!« Im Englischen hat man natürlich noch den Vorteil, dass es sich oft um einsilbige, explosionsartige Laute handelt. Die Deutschen holen auch beim Fluchen etwas weiter aus.

Überraschenderweise werden sogar seelische Schmerzen gemindert, wie ein anderes Experiment gezeigt hat.[2] Darin sollten sich Probanden eine Situation vorstellen, in der sie sich sozial ausgeschlossen fühlten. Die Gruppe, die danach für zwei Minuten durchgängig fluchte, fühlte hinterher weniger seelischen Schmerz als die Gruppe, die nicht fluchte. Schimpfen mindert also beides, körperlichen und seelischen Schmerz. Das liegt den Forschern zufolge am sogenannten hypoalgesischen Effekt, also einer schmerzlindernden Wirkung. Evolutionsbiologen erklären das so: Wenn wir schimpfen, schaltet sich ganz automatisch der *Fight-or-Flight-Modus* der Amygdala ein, die als Teil des Angstschaltkreises im Hirn für Kampf oder Flucht zuständig ist und uns für einen kurzen Moment unempfindlich macht.[3] Das Herz schlägt schneller, der Adrenalinspiegel steigt. Mit anderen Worten, Schimpfen wirkt wie verbales Morphium.

Nach einer anständigen Hasstirade fühlt man sich um einiges besser als nach der Lektüre eines esoterischen Selbsthilfebuches, das behauptet, Menschen bestünden aus Sternenstaub und wären zum Leuchten geboren. Schimpfen verleiht unserer Existenz wenigstens kurz einen Sinn. Und manchmal wirkt es sogar in Extremsituationen als Ventil. Die etwas makabre Website *Planecrushinfo.com* hat Blackbox-Aufzeichnungen von abstürzenden Flugzeugen seit dem Jahr 1962 gesammelt.[4] In dieser traurigen Auflistung wurden auch die letzten Worte der Piloten im Cockpit dokumentiert, bevor der Kontakt zur Maschine abriss. Die Aufzeichnungen sind in dem Kontext so tragisch und so real, dass man sie kaum aushalten kann. Doch sie offenbaren eine wichtige Erkenntnis über die menschliche Existenz. Den Tod so gnadenlos vor Augen, haben nur wenige Piloten zu Gott gebetet oder sich gegenseitig besänftigt. Stattdessen haben sie vor allem zwei Wörter verwendet: »Fuck« und »Shit«. In ihren letzten Augenblicken, einer Situation von unfassbarem Stress und allergrößter Emotion, haben fast alle geflucht.

Zwischen dem Ende des menschlichen Lebens und seinem Anfang gibt es übrigens eine erstaunliche Parallele. Gebärende Mütter im Kreißsaal haben eines gemeinsam: Sie fluchen, bis die Schwarte kracht. Hebammen berichten, dass bei der Geburt mit Inbrunst höchst exotische Ausdrücke herausgeschrien werden, die man sonst eher selten hört.[5] Und das aus denselben Gründen, nämlich um sich in den Kampfmodus zu bringen und so den großen Schmerz besser auszuhalten.

Fluchen und Schimpfen sind also sinnvoll. Sie sichern zwar nicht unser Überleben, doch sie helfen in Extremsituationen, das Furchtbare zu verarbeiten und den Schmerz ein wenig zu lindern. Manchmal sogar die Todesangst. Man kann darum sogar behaupten: Fluchen und Schimpfen sind die Sprache von Leben und Tod.[6]

Schimpfen im Schutzraum

Schon als Ventil für angestaute Aggressionen wirkt Schimpfen befreiend. Leider ist es gesellschaftlich relativ verpönt. Eine angenehm alltagstaugliche Gelegenheit, das zu umschiffen, bietet der Straßenverkehr: Mindestens ein Drittel der Deutschen flucht beim Autofahren.[7] Klar, wobei auch sonst. Und seien Sie ehrlich, Sie lieben es doch auch! Im mobilen Schutzraum des gepflegten Beschimpfens herumzugurken und andere als »Tretschwein«, »Sumpfkuh« oder »Kreisverkehr-zwei-Mal-Fahrer« zu bezeichnen oder ganz profan als »Vollidiot« – ein wahrer Genuss. Hier genießt man die Vorteile des Schimpfens ohne die negativen Folgen der sozialen Ächtung. Dabei ist Schimpfen eigentlich ein zivilisatorischer Fortschritt. Statt den Idioten, der uns die Vorfahrt genommen hat, aus dem Wagen zu zerren und ihm einen Scheitel zu ziehen, wählen wir eine symbolische Ersatzhandlung. Wir attackieren ihn mit Worten, die er nicht einmal hört. So gehen alle ungeschoren aus dem Streit heraus, und wir fühlen uns besser. Allerdings kosten die hörbaren Ausdrücke des Schweregrads »Drecksau« nach Bußgeldkatalog inzwischen 1000 Euro. Zivilisierte Profis schimpfen darum nur bei geschlossenem Fenster. Oder sie sind deutlich kreativer.

Forscher in Neuseeland fanden in einer Studie heraus, dass Beschimpfungen unter bestimmten Bedingungen sogar ein Gefühl von Zugehörigkeit und Verbindung schaffen können. Sie beobachteten, dass Arbeiter in einer Seifenfabrik sich häufig in ihrer vertrauten Gruppe mit Schimpfwörtern bezeichneten, aber nicht, wenn sie unter weniger vertrauten, fremden Personen waren.[8] Ihre Art des Schimpfens war freundschaftlich neckend gemeint, nicht boshaft. Der Umstand, dass sie sich gegenüber Fremden ganz anders verhielten, zeigte, dass es in ihrer eigenen Gruppe eine enge Bindung und Kameradschaft gab. Mit den gespielten Beschimpfungen signalisierten sie daher: »Ich kenne dich so gut und vertraue dir so sehr, dass ich weiß: Du verstehst meine Unhöflichkeit nicht falsch.« So können Beschimpfungen ein wichtiger Faktor sein, um Solidarität innerhalb einer Gruppe zu erzeugen oder sie zu verstärken. Und ehrlich, kommt Ihnen das nicht bekannt vor? Letztens auf der Straße begrüßten sich zwei junge Männer: »Na, du alte Schwingtitte, wie geht's?« – »Eyyy, du haariger Sack, na?!« Worte der Liebe.

Doch nicht nur neckische Beschimpfungen, sondern auch sich gemeinsam über etwas aufzuregen und Luft zu machen kann ungemein verbinden. Auf diese Weise ist Schimpfen eine wichtige Form der vorpolitischen Artikulation. Jeder Aufstand, jeder

Umsturz, jede Revolution beginnt mit einem ersten groben emotionalen Ausdruck der Unzufriedenheit, noch bevor man präzise ausdrücken kann, welche Ungerechtigkeit man eigentlich beheben will. Wer sich beim Schimpfen über Missstände wie überzogene Mietpreise selbst beobachtet, gelangt erst einmal zu der Erkenntnis: Mich stört etwas, es gibt ein Problem. Schimpfen macht so erst sichtbar, wie sich Menschen zu einem Problem in Beziehung setzen.

Vermeintlich negative Handlungen wie Schimpfen haben also noch eine weitere Existenzberechtigung: Sie liefern uns nicht nur wichtige Informationen über uns selbst, sondern zeigen auch anderen auf schnellem Weg an, dass wir unzufrieden sind. Und nur so kann überhaupt eine kollektive Bewegung, etwa eine Bürgerinitiative, beginnen.

Für sich genommen ist Schimpfen natürlich noch längst kein Garant dafür, dass man die Moral auf seiner Seite hat. Auch Querdenker, Wutbürger und Verschwörungstheoretiker fluchen in ihrer Verwirrung, als gäbe es kein Morgen. Doch umgekehrt wird ein Schuh draus. Ärger ist die notwendige Bedingung für echten gesellschaftlichen Fortschritt. Schimpfen ist der erste soziale Anstoß, sich mit anderen Gleichgesinnten zusammenzutun und sich gemeinsam über etwas zu ärgern. Alle politischen Veränderungen begannen damit.

Wer also in seinem »Good Vibes Only«-Positivitätswahn verlangt, man solle sein »Mindset« ändern und sich nur noch auf die schönen Dinge im Leben konzentrieren, der zerstört das politische Potenzial der kollektiven Aufregung. Wenn niemand herausbrüllt, dass der König – mit Verlaub – ein egozentrisches, raffgieriges Arschloch ist, wird auch niemand die Bastille erstürmen.

Vom Quetschen und Knötern

Ein Freund ruft mich an. Ja, und wie gut er mit seiner Doktorarbeit vorankomme, schwärmt er. Alles super. »Und bei dir?«, fragt er. »Hmm, na ja, nicht so. Stecke gerade ziemlich fest und verurteile mich dafür jeden Tag.« Kurze Pause. Auf einmal legt er los, na ja, so gut laufe es eigentlich auch nicht bei ihm, und oh Mann, wie ätzend eigentlich dieser tägliche Kampf, was für Masochisten wir doch seien. Solche Fälle beobachte ich häufiger. Eröffnet man Leuten einen Raum zur mürrischen Ehrlichkeit, nutzen sie den auch. Sehr gerne sogar. Und hinterher fühlen sie sich oft befreit. Interessant in diesem Fall: Der Freund wollte sein Bild des produktiven Optimisten aufrechterhalten, der so wirkt, als wäre er immer *on top of his game.*

Dabei ist das Konzept des befreienden Schimpfens ja bekannt. *Stop Smiling, start Kvetching,* so heißt das Buch der Psychologin Barbara Held, einer der bekanntesten Kritikerinnen der Positiven Psychologie.[9] *Kvetching* ist ein jiddisches Wort und meint so etwas wie »Murren«, »Mosern«, »Knötern« oder »Motzen«. Es kommt vom Wort *kvetshn,* das etymologisch mit dem deutschen »Quetschen« verwandt ist. Es handelt sich dabei vermutlich um ein lautmalerisches Wort, das genauso klingt wie jemand, der beim Schimpfen tatsächlich die Worte mit angespanntem Kiefer »herausquetscht«.[10]

Motzende Menschen haben es nicht leicht, gelten sie doch gerade in unserer Positivitätskultur als ein Fehler im System und als besonders dysfunktional, so, als hätten sie ihr Leben nicht im Griff. Aber weit gefehlt! Kvetching hat viele Vorteile, so die überraschende These von Held. Sie beschreibt das Phänomen folgendermaßen: Mit Kvetching drücken wir uns emotional aus, fordern recht beharrlich die Aufmerksamkeit unseres Gegenübers ein und geben indirekt zu verstehen, dass wir dem Anstoß des Ärgers passiv ausgeliefert sind; er liegt außerhalb unserer Kontrolle. Wer schimpft, der sagt damit auch immer: Mich nervt etwas, und ich kann auch gerade nichts an der Sache ändern! Der einzige Ausweg, den ich habe, die einzig angemessene Reaktion auf die blöde Situation ist das Kvetching.

Während die Selbsthilfebewegung und zahlreiche Psychotherapieansätze immer wieder predigen, man solle stets eine positive Haltung gegenüber den kleinen und großen Schicksalsschlägen einnehmen, vertritt die Kvetching-Bewegung das Gegenteil. Hier zählt die realistische Einsicht: Das Leben ist hart. Selbst dann, wenn es gut läuft, so Held. Und deshalb haben wir alle ein legitimes Anrecht aufs Schimpfen.[11]

Wenn uns also Therapeuten und Selbsthilfegurus das Schimpfen abgewöhnen wollen, machen sie alles nur noch schlimmer. Sie berauben uns eines fantastischen Mittels der Entlastung. Denn es ist doch schlimm genug einzusehen, dass uns das Leben ständig überfordert. Aber noch schlimmer ist es, wenn Therapeuten, Coaches oder wohlmeinende Freunde uns sagen, wir müssten doch glücklich über alles sein.

Mehr noch, sie werfen uns gerade das vor, was in dem Moment tatsächlich am besten hilft – Schimpfen. Natürlich sind Murrköpfe für viele nervig, vor allem, wenn sie sich über Kleinigkeiten echauffieren. Aber wer sich über Schimpftiraden beschwert, hat die eigentliche Funktion von Kvetching missverstanden. Es macht gerade dann am meisten Spaß, wenn es die kleinen, ätzenden Alltagsprobleme sind. Der eingerissene Fingernagel, der Computer, der sich aufhängt, der Müllsack, der im Hausflur aufreißt. Auch der Vorwurf: »Hör auf herumzuheulen, und unternimm lieber was dagegen!«, verfehlt die Essenz des Kvetching, denn wir schimpfen gerade dann, wenn wir nichts anderes unternehmen können – oder es in dem Moment nicht wollen. Diese Einsicht ist unglaublich befreiend.

Um anderen mit dem Schimpfen aber nicht allzu sehr auf den Wecker zu gehen und um sich in der Kunst des schönen Schimpfens zu üben, schlägt Held sinngemäß folgende fünf Regeln für kultiviertes und soziales Kvetching vor.[12]

1. Machen Sie sich mit Ihrem Publikum vertraut! Einige Menschen wissen Ihr Kvetching besser zu schätzen als andere. Um das Kvetch-Empfänglichkeitspotenzial einer Person zu testen, geben Sie eine kleine Kostprobe Ihres Könnens! Merken Sie danach an: Das war nur ein winziger Vorgeschmack von dem, was noch kommen wird. Sie werden spüren, wie der Wind steht. Will jemand partout nichts von Ihrem Kvetchen hören, können Sie sich darüber gleich beim Nächsten beschweren.
2. Seien Sie großzügig! Glauben Sie ja nicht, ein Thema sei zu belanglos oder nichtig, um darüber zu kvetchen. Kvetchen Sie, so viel und so ausgiebig, wie Sie wollen und können.
3. Seien Sie ehrlich! Tun Sie bloß nicht so, als würden Sie nicht kvetchen, wenn Sie gerade voll dabei sind. Wenn sich jemand darüber aufregt, umso besser. Erklären Sie gleich die Prämisse des Kvetching: Das Leben ist hart, deshalb darf jeder kvetchen. Ermutigen Sie die anderen dazu, es auch zu probieren.
4. Seien Sie solidarisch! Seien Sie kein kompetitiver Kvetcher, der glaubt, sein Leben sei viel schlimmer als das der anderen. Sollten Sie sich in einer Konkurrenzsituation mit einem anderen Kvetcher befinden, teilen Sie Ihre Schimpfzeit gerecht auf. Das Leben ist für alle schwer.
5. Seien Sie ein Vorbild! Fördern Sie den Kvetching-Nachwuchs, und ermuntern Sie andere. Wenn Sie dafür selbst einmal auf einen Teil Ihrer Kvetch-Zeit verzichten müssen, ist das natürlich blöd, aber machen Sie sich klar: Als Mentor erweitern Sie gerade Ihr Kvetch-Netzwerk und fördern Zöglinge, die Ihr Kvetching noch zu schätzen wissen werden.

Kvetching hilft, die Bürden des Lebens besser zu tragen. Wer meckert, zürnt und flucht, rebelliert gegen den Zwang, sich ständig zu verstellen und so zu tun, als wäre alles total super. Mit anderen Worten: Schimpfen ist der feine Ausdruck gelebter Freiheit.

Die Kunst des Schimpfens

Gekonnt ausgeübt hat Fluchen eine reinigende Wirkung. Aristoteles schwor zwar auf die Katharsis und empfahl den tugendhaften Athenern, im Theater Tragödien anzusehen, um Rührung und Schauder zu durchleben und sich so von negativen Emotionen zu *reinigen*.[13] Doch der alte Grieche kannte offenbar die Freuden böser Schimpfwörter nicht. Fluchen ist eine völlig unterschätzte Kunst. Sich dem Ärger hinzugeben und ihn voll auszuschöpfen, in seinem Brodeln zu schwelgen ist ein wunderbares Gefühl, an das die antike Katharsis niemals heranreicht. Kaum etwas ist so befreiend, wie den Idioten ein »Sackgesicht« zu nennen, wenn er einem die Parklücke wegschnappt. In unserer gepuderten Zeit ist Schimpfen das letzte Tabu. Gepflegte schlechte Laune ist mindestens so befriedigend wie das Hineinbeißen in einen saftigen Hefekloß.

Stichwort »Hefegebäck«. Es kann kein Zufall sein, dass die Stadt mit der weltweit höchsten Lebensqualität auch die Stadt der Grantler ist: Wien.[14] Grantler sind Menschen mit einer mürrischen Grundstimmung.[15] Einer von ihnen, natürlich Wiener, war Karl Kraus, der die Welt mit seinen Beschimpfungen erhellte. Seine Gegner hießen »Staatsscheißer«, »Radauschwester«, »Korruptionsmausi« und »Anekdotenverschleißer«.[16] Thomas Bernhard ist zwar nur in Wien begraben, aber dennoch der edle Großmeister des Hassens, der in einer der besten »Städtebeschimpfungen« sagte: »Wie hasse ich diese mittelgroßen Städte mit ihren berühmten Baudenkmälern, von welchen sich ihre Bewohner lebenslänglich verunstalten lassen. Kirchen und enge Gassen, in welchen immer stumpfsinniger werdende Menschen dahinvegetieren. Salzburg, Augsburg, Regensburg, Würzburg, ich hasse sie alle, weil in ihnen jahrhundertelang der Stumpfsinn warmgestellt ist.«[17]

Vor allem seine Landsleute kommen nicht besonders gut weg. »Die schönsten Gegenden Österreichs haben immer die meisten

Nazis angezogen. Salzburg, Gmunden, Altaussee, das sind nichts als Nazinester.« Linz war für ihn ein »kleinbürgerliches, ein tatsächlich zum Himmel schreiendes Provinzloch«, Salzburg eine »perfide Fassade, auf welche die Welt ununterbrochen ihre Verlogenheit malt, hinter der das Schöpferische verkümmern und verkommen und absterben muss«, und Wien eine »entsetzliche Talentezertrümmerungsanstalt« und eine »Genievernichtungsmaschine«.[18]

Oder stellen Sie sich nur die legendäre *Olsenbande* vor, die dänische Gaunerkomödie aus den Siebzigern. Was wäre sie ohne Egon Olsens berühmte Beschimpfungen seiner unfähigen Mitstreiter als »Jammerlappen«, »lausige Amateure«, »elende Sozialdemokraten«, »Rußfurzer«, »talentlose Käsekacker«, »Sandhocker«, »Knalltüten«, »feige Hunde«, »Fettwänste«, »Schlappschwänze«, »erbärmliche Piesepampel« oder »Rhinozerösser«? Hach. Selten hat Poesie mehr beglückt!

Leidkultur

Stellen Sie sich vor, solch wunderbare Wörter würden uns von den Nervensägen des Glücks genommen! Wenn man nicht mehr unglücklich, miserabel gelaunt oder wütend sein dürfte, was würde übrig bleiben von der Weltliteratur, den großen Erzählungen, der Kunst! *Hamlet, Faust, Anna Karenina, Swanns Welt*. All das sind Geschichten der negativen Zustände, Geschichten des Leids. Die Autoren selbst haben gelitten, um diese Kunst überhaupt erst erschaffen zu können. Und man muss sagen, zum Glück.

Marcel Proust drückt das so aus: »Obschon es mich erbittert, dass ich an so unerträglichen physischen Schmerzen leide, die besonders in den letzten Monaten die unentrinnbaren Begleiter meines Kummers gewesen sind, hänge ich an diesen, meinen Leiden, und der Gedanke ist mir verhasst, sie könnten von mir gehen.«[19]

Van Gogh und Hemingway litten an schweren Depressionen und begingen Suizid, Schubert litt an Syphilis und starb an Typhus, Kafka hatte schwere Tuberkulose und dazu die Spanische Grippe. Schiller war eigentlich immer krank. So wie viele Persönlichkeiten der Geschichte, bis auf Picasso. Der war immer gut drauf.

Lange bevor Freud (der übrigens ganze sechzehn Jahre an Gaumenkrebs litt, an dessen Folgen er elendig starb) seine Sublimationstheorie der Kultur entwickelte, die kurz gesagt lautet »Negative Energie kann sich in kreatives Schaffen umwandeln«[20], hatte Nietzsche diesen Gedanken bereits formuliert. In einem Brief an Richard Wagner schrieb er über sein Leiden: »Man kommt aus solchen Abgründen, aus solchem schweren Siechthum (…) neugeboren zurück, gehäutet, kitzlicher, boshafter, mit einem feineren Geschmacke für die Freude, mit einer zarteren Zunge für alle guten Dinge, mit lustigeren Sinnen, mit einer zweiten gefährlicheren Unschuld in der Freude, kindlicher zugleich und hundert Mal raffinierter, als man jemals vorher gewesen war.«[21] Und über den Schmerz schrieb er sogar: »Erst der große Schmerz, jener lange, langsame Schmerz, in dem wir gleichsam wie mit grünem Holze verbrannt werden, der sich Zeit nimmt, zwingt uns Philosophen, in unsere letzte Tiefe zu steigen und alles Vertrauen, alles Gutmütige, Verschleiernde, Milde, Mittlere, wohin wir vielleicht vordem unsre Menschlichkeit gesetzt haben, von uns zu tun. Ich zweifle, ob ein solcher Schmerz ›verbessert‹: aber ich weiß, daß er uns *vertieft.*«[22]

Nietzsche und die anderen hätten niemals ihren Schmerz als Chance zum Erfolg umgedeutet oder ihn als Wink des Universums verstanden, wie man es vom Coaching kennt. Doch sie wussten, dass Leid zum Menschsein gehört. Sie haben ihren Schmerz als dunkle Kontrastfolie für die hellen Momente des Lebens begriffen.

Und um noch einmal auf Van Gogh zurückzukommen, der ein Paradebeispiel dafür ist, welche Kunst aus großer Dunkelheit erwachsen kann. Nachdem er zutiefst verzweifelt war und sich im Wahn bereits ein Ohr abgeschnitten hatte, fiel er in der französischen Stadt Auvers-sur-Oise in einen Schaffensrausch. In 70 Tagen, kurz vor seinem Suizid, schuf er etwa 80 Gemälde und 60 Zeichnungen. Sein Leid ist heute unser aller Glück. Denken Sie nur an die *Sternennacht*.[23]

Oder anders ausgedrückt: Ob Sie nun an den großen Dingen leiden oder an den kleinen. Ob in der Kunst oder im Alltag. Fluchen Sie, schimpfen Sie, kvetchen Sie – weil das Leben zu kurz ist und weil Sie es sich wert sind!

Depressiver Realismus

Über allen Gipfeln
Ist Ruh',
In allen Wipfeln
Spürest Du
Kaum einen Hauch;
Die Vögelein schweigen im Walde.
Warte nur! Balde
Ruhest du auch.
Johann Wolfgang von Goethe[1]

Halten Sie sich für überdurchschnittlich intelligent, attraktiv und liebenswürdig? Glauben Sie, dass Sie besonders alt werden und dass Ihre Ehe ewig hält? Meinen Sie, Ihre Kinder sind außergewöhnlich begabt und hübsch? Wenn Sie alle Fragen mit »Ja« beantwortet haben, dann sind Sie vermutlich kerngesund, liegen aber statistisch trotzdem bei einigen Antworten daneben. Denn die meisten Menschen überschätzen ihre Kompetenzen und haben, wenn es um sie selbst geht, eine eher schlechte Urteilsfähigkeit. Diesen Effekt nennt man auch *Optimism Bias,* also die Optimismus-Verzerrung.[2] Zu diesen positiven Illusionen gehört auch, dass Menschen irrtümlich glauben, über zufällige Ereignisse die Kontrolle zu haben oder der Mehrheit der anderen überlegen zu sein. Dieser absurde Optimismus zeigt sich überall im Leben, ganz gleich, ob es um den Beruf geht, akademische Fähigkeiten oder die eigene Intelligenz. Eine berühmte Umfrage unter US-amerikanischen Oberstufenschülern macht das deutlich. So gaben 70 Prozent der Schüler an, überdurchschnittliche »Führungsqualitäten« für spätere Berufe zu haben.[3] Alle, tatsächlich 100 Prozent, hielten sich für überdurchschnittlich freundlich, obwohl diese Zahlen natürlich nicht über 50 Prozent liegen können. Ein anderer Klassiker unter den Umfragen zeigt, dass sich mehr als drei Viertel der Befragten für überdurchschnittlich gute Autofahrer halten. Je nach Land zwischen 77 Prozent (Schweden) und 88 Prozent (USA).[4] Natürlich! Allerdings sind gerade die extremen Selbstüberschätzer öfter in Verkehrsunfälle verwickelt als die bescheidenen Autofahrer.[5]

Dasselbe gilt für Krankheiten. Raucher glauben, sie würden seltener an Lungenkrebs erkranken, als es tatsächlich der Fall ist. Bei Geschlechtskrankheiten und Grippe sieht es ähnlich aus. Viele denken: »Mir wird schon nichts passieren!«, was dazu führt, dass sie sich zu selten schützen oder impfen lassen. Interessant, aber vielleicht wenig überraschend, ist dabei: Männer überschätzen ihre Fähigkeiten noch mal deutlich häufiger als Frauen.[6]

Das Bizarre daran: Im Endeffekt fühlen sich die meisten Glücksritter auch tatsächlich gut in ihrer selbst gewählten Überheblichkeit. Selbsttäuschung scheint erst einmal die Lebenszufriedenheit anzukurbeln. Das kann natürlich anfangs wünschenswert sein, wird aber spätestens dann zum Problem, wenn sie als eigentlich mittelmäßiger Autofahrer mit dem falschen Selbstbewusstsein durch eine neblige Serpentinenlandschaft manövrieren müssen – mit Schüttelfrost und juckendem Schritt.

Hello Darkness

Doch das betrifft nicht alle Menschen – und hier kommt der Clou. Diejenigen, die sich in einer Phase leichter bis mittelschwerer Depression befinden, schätzen sich, ihre Fähigkeiten und ihre Rolle in der Welt deutlich realistischer ein. Dieses Phänomen nennt man darum »Depressiven Realismus«.

Zu dieser verblüffenden Erkenntnis kamen die US-amerikanischen Psychologinnen Lauren Alloy und Lyn Abramson im Jahr 1979 in ihrem Aufsatz »Sadder but Wiser?«. Erstaunlich ist die Entdeckung vor allem deswegen, weil man depressiven Menschen häufig unterstellt, sie würden alles viel düsterer sehen, als es wirklich ist. Doch dieser Vorwurf trifft nur bei schweren Formen der Depression zu, bei denen ein *Negativity Bias,* also eine negative Verzerrung im Denken und Wahrnehmen tatsächlich typisch ist. Für alle anderen gilt das nicht. Weitere Studien konnten zeigen, dass Menschen mit eher moderaten Depressionsstufen die Welt gar nicht schwärzer malen, als sie ist, sondern sie viel klarer als Nichtdepressive sehen.[7] Zwar ist noch unbekannt, welcher Mechanismus genau für den Depressiven Realismus verantwortlich ist, doch viele Forschungsexperimente stützen inzwischen diese These.

Im Urexperiment teilten die amerikanischen Psychologinnen die Studierenden in eine »depressive« und eine »nicht depressive« Gruppe ein. Die Probanden sollten eine Lampe anknipsen, deren Schalter so präpariert war, dass er nur manchmal funktionierte. Anschließend sollten die Testpersonen beurteilen, ob ihr Knopfdrücken das Aufleuchten der Lampe beeinflusst hatte. Die Gruppe der Depressiven war sehr präzise in ihrer Einschätzung. Die positive Vergleichsgruppe überschätzte ihre eigene Kontrollfähigkeit deutlich.[8]

Das wirft eine wichtige Frage auf: Was verstehen wir eigentlich unter »normal«? Was, wenn psychisch »gesunde« Menschen ohne Depressionen eigentlich das verzerrte Weltbild haben und nicht die Depressiven? Was, wenn depressive Menschen einfach weniger Illusionen erliegen? Genau das legt die Forschung nahe. Diese völlig revolutionäre Einsicht müsste eigentlich unser ganzes Weltbild umkehren: Die Depressiven sehen die Welt viel eher so, wie sie wirklich ist. Nicht sie blicken dauerhaft durch eine dunkle Brille, sondern es sind alle anderen, die eine rosarote aufhaben und die sich etwas vormachen.

In unserer Kultur werden psychische Abweichungen vom Durchschnitt noch immer als Störungen aufgefasst, die man dringend beseitigen und wegtherapieren muss. Die Stimme der Traurigen, Mürrischen und Melancholischen gilt oft als »krank«. Doch die Forschung zum Depressiven Realismus zeigt erstmals etwas völlig anderes. Leicht bis mäßig depressive Menschen erfassen die Realität oft direkter und klarer, vermutlich weil ihnen das »durchschnittliche« Maß an Selbsttäuschung fehlt, das man für ein gewisses Wohlbefinden braucht. Die Nichtdepressiven hingegen erliegen eher einer Selbstillusion. Der Psychologe Colin Feltham vermutet sogar, dass vor allem Introvertierte und Menschen mit hohem IQ zu Depressivem Realismus neigen.[9] Abschließend erforscht ist der Zusammenhang allerdings noch nicht.

Mit Depressionen sieht man besser

Depressionen wünscht man nicht mal seinem ärgsten Feind, das ist klar.* Doch überraschenderweise bringt der Depressive Realismus einige kognitive Vorteile mit sich. Das bestätigt auch die Forschung des Psychologen Joseph Forgas, der unter anderem zeigen konnte, dass Menschen mit einer traurig-melancholischen Grundstimmung weniger anfällig für Vorurteile sind – etwa für solche, die durch den sogenannten *Halo-Effekt* entstehen. Dieser »Heiligenschein-Effekt« zeigt, dass Betrachter sich systematisch irren, wenn sie ein positives äußerliches, also formales Merkmal auf ein zweites, davon unabhängiges inhaltliches Merkmal über-

---

* An keiner Stelle sollen Depressionen hier bagatellisiert oder beschönigt werden. Schwere Formen können ohne Hilfe und Medikation tödlich verlaufen. 2020 galten sie laut WHO als zweithäufigste Todesursache weltweit. In diesem Forschungsansatz geht es ausdrücklich um leichte bis mäßige Formen der Depression, die aber natürlich genauso wenig »wünschenswert« sind.

tragen. (Demnach werden zum Beispiel freundliche Grundschulkinder eher für intelligent gehalten.)

In Forgas' Experiment sollten die Probanden verschiedene philosophische Essays lesen, bei denen jeweils die Fotos der Autoren angehängt waren. Manchmal war es ein älterer Herr mit grau meliertem Bart und Brille – das Klischee des weisen Philosophieprofessors. Ein andermal war eine junge Frau abgebildet. Versuchspersonen mit glücklicher Grundstimmung hielten denselben Text für weniger überzeugend, wenn die Frau im Gegensatz zum (weisen) alten Mann als Autorin erkennbar war. Die Probanden waren also in ihrem Urteil offenbar von sexistischen Stereotypen beeinflusst. Nicht jedoch die Depressiven Realisten. Die Gruppe mit trauriger Grundstimmung war kaum dafür anfällig, den Text aufgrund des Aussehens oder der Sympathie mit dem Autor in irgendeiner Form anders zu bewerten.[10] Forgas' Untersuchungen zeigen, dass eine düstere Einstellung eher zu kritischem Denken führt und Verzerrungen und Vorurteile reduziert. Aber nicht, weil den Depressiven Realisten einfach alles egal ist, sondern weil sie präziser beobachten. Denn typisch für den Denkstil der traurigen Vergleichsgruppe waren in den Versuchen vor allem Skepsis, Aufmerksamkeit und Genauigkeit.

So verbesserte eine negative Grundstimmung auch bei vielen Versuchen die Fähigkeit, Wahrheit von Täuschungsversuchen zu unterscheiden. Zeigte man etwa der glücklichen und der depressiven Gruppe Verhörvideos von beschuldigten Tätern, konnte die depressive Gruppe die Betrüger korrekt ausfindig machen. Die Traurigen schauten genauer hin, waren weniger leichtgläubig und ließen sich seltener von vermeintlich authentischen Gesichtsausdrücken täuschen.[11] Glückliche Menschen hingegen schnitten in diesen Experimenten weniger gut ab.

Einiges deutet darauf hin, dass Depressive Realisten auch den Gefühlsausdruck in den Gesichtern ihrer Mitmenschen tatsächlich besser erkennen können, wie eine Untersuchung mit dem Titel *Depressive sehen besser* nahelegt.[12] Den Probanden wurden

Porträtfotos mit emotionalen Gesichtsausdrücken gezeigt, von denen einige auf den ersten Blick eindeutig zu erkennen waren, wie tiefer Zorn oder blanke Panik. Andere zeigten hingegen nur leichte Nuancen von Wut, Angst, Freude oder Traurigkeit. Im Vergleich zur nicht depressiven Gruppe waren die Depressiven deutlich besser darin, auch die weniger eindeutigen Emotionen richtig einzuordnen.[13] In jedem Fall kann man also sagen: Mit Depressionen sieht man besser, zumindest Emotionen.

Glückliche Menschen sind aber nicht nur anfälliger für Fehlwahrnehmungen, sondern – wie gesagt – auch für Stereotype und Klischees. Das wurde besonders in einem weiteren Experiment zum stereotypen Denken deutlich. Es hieß »Der Turban-Effekt«. In einem Computerspiel wurden Versuchspersonen aus den USA angewiesen, auf bewaffnete Menschen zu schießen, unter denen sich auch Turban tragende Personen befanden, die so als Muslime erkennbar sein sollten. Das Ergebnis ist erschreckend. Auf Personen mit Turban wurde deutlich häufiger geschossen als auf Personen ohne Turban. Allerdings, Überraschung, viel häufiger von Testpersonen aus der glücklichen Gruppe. Eine negative Grundeinstellung reduzierte also das diskriminierende Verhalten der Teilnehmer.[14]

Zyniker würden vielleicht einwenden, Depressive Realisten fänden einfach alle Menschen gleichermaßen blöd, unabhängig von Vorurteilen. Nach dem Motto: *Don't be racist. Hate everyone!* Doch auch andere Untersuchungen konnten immer wieder belegen, dass eine negative, traurige Einstellung Stereotype und kognitive Verzerrungen reduziert oder sogar komplett abbaut, wohingegen eine positive Stimmung Stereotype eher verstärkt.[15] Die Glücklichen scheinen unbekümmerter in ihrem Denkstil zu sein und mehr »mit dem Flow« zu gehen. Und oft täuschen sie sich dabei auch selbst, um ihr Selbstbild aufrechtzuerhalten; denken wir nur an die weltbesten Autofahrer vom Anfang des Kapitels zurück. Bentall, der »Entdecker« des *Happiness Syndrome,* meint, viel bemerkenswerter als der messerscharfe Realismus bei Depressiven sei eigentlich der ausgeprägte Irrationalismus der Glücklichen.[16]

Glückliche Menschen haben aber noch ein weiteres mentales Defizit. Sie können sich nicht so gut an negative Erlebnisse erinnern, die lange zurückliegen. Bei Menschen, die in einem traurigen oder depressiven Zustand sind, funktioniert das Langzeitgedächtnis in dem Fall deutlich besser. Bentall zufolge haben Glückliche große Schwierigkeiten damit, unangenehme Erlebnisse aus ihrem Langzeitgedächtnis wiederherzustellen. Offenbar löschen sich bei ihnen die schlechten Erinnerungen regelrecht von allein aus.[17]

Die israelische Neurowissenschaftlerin Tali Sharot und ihr Team haben sogar mithilfe von bildgebenden Verfahren eines Kernspintomografen den Optimisten bei der Selbsttäuschung im Hirn zugeschaut. Wenn man optimistische Versuchspersonen mit einem negativen Ausblick auf ihr Leben konfrontiert, etwa wie wahrscheinlich es ist, dass sie in ihrem Leben Krebs bekommen, mindert das ihre Selbstüberschätzung seltsamerweise nicht. Sie denken immer noch: »Ja klar, das passiert anderen vielleicht, aber nicht mir.«[18]

Doch welcher Mechanismus sorgt nun genau dafür, dass sie solche Informationen konsequent ignorieren? Während ihre Probanden im Hirnscanner lagen und mit unangenehmen Wahrheiten konfrontiert wurden, konnten Sharot und Kollegen beobachten, dass im Vorderhirn der Optimisten negative Informationen einfach nicht weitergeleitet wurden. Dabei handelt es sich um einen »Update-Fehler«, wie das Forscherteam sagt, der den Optimisten offenbar hilft, ihre Weltsicht aufzuhübschen. Es könnte sein, dass dieser Mechanismus einem Teil unserer Vorfahren geholfen hat, »notwendige Risiken« einzugehen, die sich evolutionär ausgezahlt haben, wie die Forscherin vermutet.[19] Klar ist aber auch, dass diese Fehleinschätzungen in der heutigen Zeit fatale Konsequenzen haben können, denn sie führen zu Fehlinvestitionen, Scheidungen und einem ungesunden Lebensstil. Manchmal genau in dieser Reihenfolge.

Depressive Realisten sehen die Welt also gestochen scharf in feinen Grauschattierungen, während bei Optimisten dauerhaft ein bunter Instagram-Filter vor ihre grob gepixelte Weltsicht geschaltet ist. Der Comedian George Carlin trifft den Kern des Depressiven Realismus eigentlich sehr genau mit diesem Witz: »Einige sehen das Glas halb voll, andere sehen es halb leer. Ich sehe ein Glas, das doppelt so groß ist, wie es sein müsste!«[20]

Depressiver Realismus ist eine Grunddisposition, die es wahrscheinlicher macht, dass man kritisch denkt. Depressive Menschen sind natürlich nicht zwangsläufig Skeptiker, aber häufiger kritischer als der Durchschnitt. (Und natürlich kann man auch als Nichtdepressiver einen kritischen Denkstil pflegen.)

All das mag auf den ersten Blick überraschend klingen, aber im Grunde haben wir es doch schon geahnt. Oder welchem Ingenieur würden Sie eher den Bau einer Brücke anvertrauen? Dem glücklichen Optimisten, der Ihnen sagt: »Wird schon halten ;-)«, oder dem kritischen Pessimisten, der lieber noch ein drittes Mal die Statik überprüft? Würden Sie eher zum fröhlichen Hautarzt gehen, der zum dunklen Leberfleck am Bauch sagt: »Entspannen Sie sich, lächeln Sie, es wird schon nichts sein!«, oder lieber zum mürrischen, der das Gewebe doch noch mal mit dem Auflichtmikroskop untersucht und vorsichtshalber entfernt?

In einigen Fällen ist es besser, sich auf die zweifelnden Melancholiker, die Depressiven Realisten und die Pessimisten zu verlassen. Mit »Pessimismus« ist hier übrigens nicht Fatalismus gemeint, also die Einstellung »Es ist eh alles schlecht und sinnlos, wir fangen gar nicht erst an«, denn sonst würden ja erst gar keine Brücken gebaut werden. Sondern vielmehr eine skeptische und oft düstere Grundeinstellung ohne positive Erwartungen, die man sich nicht unbedingt aussucht, aber die im Leben manchmal durchaus hilfreich sein kann.

In dubio pro dubio: Im Zweifel für den Zweifel

Wenn man es so betrachtet, ist der Optimist eigentlich der Konservative, denn er verlässt sich auf die Vergangenheit. Er macht alles so, wie er es immer gemacht hat, und denkt, es wird auch in Zukunft immer wieder klappen. Das haben wir schon immer so gemacht, und es war immer ganz o. k.! Der Optimist blickt positiv in die Zukunft, weil er gedanklich in einer positiv verzerrten Vergangenheit festhängt, und ist deshalb weniger realistisch.

Der Depressive Realist hingegen ist dann der Progressive. Er schaut genau hin, erkennt das Negative und antizipiert die Gefahren der Zukunft. Er verlässt sich nicht auf die Vergangenheit, er würde niemals sagen, es wird schon gut gehen, weil es bisher immer gut gegangen ist. Es könnte nämlich auch schiefgehen, und darum prüft er lieber noch mal nach und bleibt so geistig flexibel.

Doch Zweifel werden in unserer Kultur nicht gern gesehen. Der Psychologe Svend Brinkmann glaubt, diese Verurteilung der Zweifler liege auch daran, dass wir heute in einer Gesellschaft leben, in der Zweifel eher als schwach, zögernd oder uninformiert ausgelegt werden.[21] Wer da Gehör finden will, sollte sich lieber in allem sicher sein, Brinkmann nennt diesen Trend darum *ethics of certainty*. Doch während diese Sicherheit oft dogmatisch endet, haben Zweifel einen wichtigen ethischen Wert, denn sie führen zu mehr Offenheit und einem neuen Verständnis für die Welt, indem man auch andere Meinungen anhört.

Wir brauchen mehr Zweifler, und dazu müssen wir die Vorurteile abbauen. Denn das Stigma gegenüber den Zweifelnden ist groß. Obwohl die Depressiven Realisten die Welt genauer betrachten, werden sie und andere kritische Menschen gesellschaftlich öfter abgelehnt. Denn die Mehrheit möchte lieber mit ihrer optimistischen Verzerrung leben und nicht so gerne mit der Tragik des Lebens konfrontiert werden.[22]

Brinkmann geht sogar so weit zu behaupten: Alles Schlechte

in der Welt gehe von Männern in Machtpositionen aus, die sich ihrer Sache viel zu sicher seien. Fest daran zu glauben, dass es im Irak Massenvernichtungswaffen gebe, oder daran, dass andere Menschengruppen minderwertig seien, habe nie zu etwas Gutem geführt.[23] Sicherlich fallen Ihnen sofort ein paar einschlägige historische Beispiele ein. Auch groß angelegte Gehirnwäsche und Manipulation, die oft Hand in Hand gingen mit Angriffskriegen und Verbrechen gegen die Menschlichkeit, funktionieren nur dann gut, wenn sich alle sehr sicher sind, für die »richtige Sache« zu kämpfen. Zweifel am großen Rausch würde hier Widerstand bedeuten. Und noch etwas: Autokratische Herrscher und Diktatoren, die von ihrer Sache immer uneingeschränkt überzeugt sind, würden sich niemals selbst aufs Korn nehmen – und schon gar nicht dulden, dass andere es tun.

Optimisten haben weniger Humor

Kein Scherz: Menschen, die sich Dinge schönreden, in dem Fall Optimisten, haben weniger Humor. Das hat einen plausiblen Grund. Wer sich selbst täuschen muss, ist so sehr damit beschäftigt, sein Weltbild aufrechtzuerhalten, dass er Widersprüche oft nicht erkennen und neue Perspektiven einfach nicht zulassen kann.[24] Genau das ist aber eine Voraussetzung, um viele Arten von Humor zu verstehen. Deshalb lachen Menschen, die sich eher selbst täuschen, sogar weniger.[25] Ein Witz entsteht oft genau dann, wenn eine »Inkongruenz« besteht, wenn also irgendetwas nicht passt: »Kommt ein Einarmiger in einen Secondhandladen« oder »Arbeit ist der Fluch der trinkenden Klasse«. Nur wer den Gebrauchtwarenladen und die Arbeiterklasse in einem neuen Licht sehen kann, versteht auch Flachwitze, Kalauer und Aphorismen. Und nur wer sich selbst in einem anderen Licht sehen kann, wer genau weiß, wie es um ihn und die Welt bestellt ist, kann die Pointe mit der rauen Wirklichkeit vergleichen. Depressive Realisten sind kritischer als der Durchschnitt, und sie haben vor allem mehr kritische Distanz zu sich selbst. Sie sind mürrischer und können gerade deshalb oft besser über sich selbst lachen. Der verblendete Typ des Machers lacht nicht über sich selbst, denn damit würde er sich selbst entzaubern. Ignoranz kann ein Segen sein, ist aber oft witzlos.

Stichwort »kritische Distanz«. Ein anderer, neuer Umgang mit Zweifel, Kritik und dem Prozess des Immer-wieder-neu-Bewertens würde vieles verbessern. Wir sollten die Ungewissheit annehmen und vor allem auch aushalten. Das wurde während der Corona-Pandemie gut sichtbar. Der Virologe Christian Drosten war auch deshalb so ein guter Wissensvermittler, weil er immer wieder in öffentlichen Statements zugab, sich eben nicht bei allem sicher zu sein. Weil er transparent machte, dass der wissenschaftliche Erkenntnisgewinn ein nicht linearer Prozess ist. Wissenschaft ist immer zweifelnd, wirft um, baut neu auf. Und dieser Zweifel hat die Welt besser gemacht.

Skepsis und Zweifel sind besser als ihr Ruf und verfeinern die Fähigkeit zum kritischen Denken. Und wie schon Kant sagte, gibt es ohne Zweifel keine eigene Urteilsbildung.[26] Sicher, der Zweifel ist oft langsam und starrköpfig und gilt darum als unerwünscht. Und in akuten Notlagen kann das Zweifeln und Zögern Menschenleben kosten. Doch in vielen anderen, alltäglichen Situationen sollten wir wieder lernen zu zögern.[27] In seinem Buch mit dem Titel *Stop Living, Start Worrying* erklärt der Philosoph Simon Critchley Zweifel, Sorgen und Zögern sogar zu Tugenden.[28] Das steht natürlich in einem extremen Kontrast zum Mainstream einer Epoche, in der man schon seit Langem überall »Just do it!« und »Sorge dich nicht, lebe!« hört. Es sei problematisch, wenn wir nicht bemerken, welche Probleme mit dieser »Philosophie des Jasagens« einhergehen. Critchley bemerkt dazu nur trocken: »Menschliche Wesen sinken so auf das Niveau von fröhlichen Rindern, zu einem schwerfälligen Behagen, das systematisch mit Glück verwechselt wird (aber vielleicht ist das ein bisschen gemein den Kühen gegenüber).«[29]

Eine Kultur des Negativen

Es geht voran! Nach dem Zweiten Weltkrieg herrschte in weiten Teilen Europas Aufbruchstimmung. Auch der Marshallplan half beim westdeutschen »Wirtschaftswunder« der 1950er-Jahre, das auch bekannt wurde als »Nachkriegsboom«, die Konjunktur nahm wieder Fahrt auf.[30] Sicher, der Atomkrieg drohte im Hintergrund, Deutschland war gespalten, und in Ostdeutschland gab es deutlich weniger Euphorie, denn hier waren hohe Kriegszahlungen an die Sowjetunion zu leisten, und ganze Betriebe wurden demontiert.

Dennoch war das generelle Lebensgefühl vieler Menschen, mehr oder weniger, bestimmt durch Zuversicht: Es geht irgendwie voran, und es wird besser. Und tatsächlich haben sich in vielen Ländern die materiellen Bedingungen verbessert, ist die Lebenserwartung gestiegen, im Mittel gab es mehr Wohlstand, mehr Stabilität, mehr Freizeit und weniger Kriege. Der zweite Anschub dieses Lebensgefühls kam nach 1990. Der Kalte Krieg war vorbei, und es begannen (zumindest im Westen) die eher hedonistischen und verhältnismäßig unpolitischen Neunzigerjahre.

Viele haben damit gerechnet, dass nun auch gesellschaftlich alles besser werden würde; Francis Fukuyama behauptete sogar, das »Ende der Geschichte« sei nun erreicht, denn eine bessere Gesellschaftsform als die liberale Demokratie werde es nicht geben, hier sei das Ende der Fahnenstange.[31]

Doch das ist nicht der Fall. Was vor allem Menschen aus prekären Verhältnissen, die von Armut bedroht sind oder längst in ihr leben, schon eher wussten, ist: Durchaus einiges wird schlechter. Die soziale Ungleichheit wächst heute trotz allem.[32] Die neoliberale »Verschlankung des Staates« überließ die Menschen immer mehr sich selbst: Unternehmen setzten verstärkt auf »flexible« Arbeitsmodelle, wie Zeit- und Leiharbeit oder Minijobs, oft mit ungenügender sozialer Absicherung und manchmal sogar unter Mindestlohn.[33] Und spätestens seit der Debatte um die drohende Klimakrise zeigen sich Einbrüche in unser aller Lebensstil. Die Zukunft wird wohl turbulenter, als viele dachten. Es wird Einschränkungen geben, für manche sind sie längst da, für andere werden sie erst allmählich deutlich. Finanzkrise, Klimakatastrophe, Rohstoffkrise, Pandemien – auf solche globalen Schockmomente und langfristig negative Trends sind wir nicht ausreichend vorbereitet, weil wir zu sehr im Moment leben und glauben, alles bleibt so, wie ist jetzt ist.

Eine andere Perspektive könnte hier hilfreich sein. Nämlich eine neue Kultur des Negativen, inspiriert vom Depressiven Realismus, als Absicherung gegen die Schicksalsschläge der Zukunft. Das Credo lautet dann: mit dem Schlimmen rechnen und realistisch sein. Sich sowohl individuell vorbereiten als auch politisch. Vorsorge treffen für die bevorstehenden extremen Klimabedingungen oder die nächste Pandemie. Langfristig die negativen Folgen antizipieren, statt in Selbsttäuschung zu verharren, abzuwarten und nichts zu tun, Dinge auszusitzen und das Beste zu hoffen. Denn dann handelt es sich um unbegründeten Optimismus, der im Hintergrund annimmt, das Problem werde sich schon von selbst lösen. Nein, wird es nicht.

Die Weltliteratur der Depressiven Realisten

Nicht nur die Forschung, auch das Leben zeigt: Mit dem Depressiven Realismus sind wir besser auf eine ungewisse Zukunft vorbereitet, als Gesellschaft, aber auch als Individuen. Deshalb ist es auch kein Wunder, dass die etwa viertausendjährige Tradition der Weltliteratur in unzähligen Geschichten immer wieder davon erzählt. Angefangen etwa zweitausend Jahre vor unserer Zeitrechnung mit der ältesten überlieferten Geschichte, dem sumerischen *Gilgameschepos* – einer Geschichte über einen König, der sich im babylonischen Kulturraum mit seiner Sterblichkeit abfinden muss. Gefolgt von den Sprüchen Salomons im Alten Testament (die sehr existenzialistisch sind), bis hin zu Shakespeare, Tolstoi, Hemingway und David Foster Wallace, von denen mindestens die letzten drei zeit ihres Lebens selbst mit Depressionen gekämpft haben.

Es ist sicher kein Zufall, dass die gesamte Weltliteratur eigentlich von Leid und Tod handelt: *Verbrechen und Strafe, Die Pest, Faust: Eine Tragödie, Buddenbrooks: Verfall einer Familie, Der Fremde, Die Liebe in den Zeiten der Cholera, Aufstieg und Fall der Stadt Mahagonny, Hundert Jahre Einsamkeit.*

Spätestens Sartre, Simone de Beauvoir und Camus haben passend zum Depressiven Realismus eine ganz eigene philosophische Strömung erschaffen, den Existenzialismus. Ihre Themen waren die Beliebigkeit und Zufälligkeit der Existenz, die Endlichkeit des Lebens und auch die Frage der Sinnlosigkeit und die daraus entstehende Befreiung. (Die beiden Männer haben für ihre Literatur zwar einen Nobelpreis bekommen, aber es hat sie trotzdem nicht glücklicher gemacht: Sartre hat ihn abgelehnt, und Camus ist auf der Fahrt von Südfrankreich nach Paris in Villeblevin gegen einen Baum gefahren.) Zusammen mit de Beauvoir kann man das Trio aus heutiger Sicht wohl zu den Depressiven Realisten zählen. Sie alle waren gnadenlos in ihrem Blick und haben die Fassaden der Selbsttäuschung ihrer Mitmenschen durchdrungen.

Ähnlich wie Camus, Sartre und vor ihnen natürlich Nietzsche geht auch Julie Reshe, Philosophin und Vertreterin der »negativen Psychoanalyse«, davon aus, dass wir unser Leben stets mit Bedeutung aufladen wollen. Sei es über den Glauben an einen Gott oder eine Partei, die Bedeutung unserer Arbeit oder durch das Aufgehen in einem Hobby. Doch seien fast all diese »Konstruktionen von Sinn« in sich eine Illusion. Reshe schlägt darum vor, Desillusionierung und den Rückzug vom Positiven als eine neue »Art des Erlebens« zu begreifen. Wenn man sich einen illusionsfreien Raum schafft, kann man die Realität des konkreten, rauen Lebens besser ertragen. Ist man damit erfolgreich, befreit man sich von der Fake-Positivität – und auch von seinen Ketten.[34]

Unsere existenzielle Selbsttäuschung geht im Alltag übrigens so weit, dass wir selbst düsterste Vanitas-Motive in der Popkultur völlig falsch deuten. Ein berühmtes Beispiel ist der Song *I Will Aways Love You* von Whitney Houston, der auf jeder Hochzeit gespielt wird. Tatsächlich handelt das Lied von Verlust und einer schmerzhaften Trennung: »Bittersüße Erinnerungen sind alles, was ich noch habe, auf Wiedersehen, bitte weine nicht, denn wir wissen beide, ich bin nicht die, die du brauchst.« (»Bitter-sweet memories/That's all I'm taking with me/Good-bye, please don't cry/'cause we both know that I'm not/What you need.«)

Unsere Fehldeutung ist sogar noch größer bei dem Lied, das wir alle aus dem Silvester-Countdown der ARD kennen: *Happy New Year* von ABBA. Darin heißt es: »Mir scheint, die Träume, die wir bisher hatten, sind jetzt alle tot, nicht mehr als Konfetti am Boden.« (»Seems to me now/That the dreams we had before/Are all dead, nothing more/Than confetti on the floor.«)

Doch das beste Beispiel findet man eigentlich bei den Beach Boys. Obwohl ihr Bandname und ihr ikonischer südkalifornischer Surfsound etwas anderes suggerieren, handeln ihre Texte überraschend oft von düsteren Themen wie Trauer, Depression, Tod oder Missbrauch. Ihre existenzialistische Seite zeigt sich zum Beispiel im genialen Song *'Til I Die*: »Ich bin ein Korken auf dem Ozean, der auf der stürmenden See schwimmt. Wie tief ist der Ozean? Ich habe meinen Weg verloren.« (»I'm a cork on the ocean/Floating over the raging sea/How deep is the ocean?/How deep is the ocean?/I lost my way/Hey hey hey.«[35]) Deutlich berühmter wurde ihr Titel *I Just Wasn't Made For These Times* mit dem Refrain: »Sometimes I feel very sad/Sometimes I feel very sad«[36]: »Ich bin einfach nicht für diese Zeit gemacht, manchmal bin ich sehr traurig.«

Selbsttäuschung oder Klarheit; am Ende muss man sich fragen, welchen Weg man für sich wählen möchte. Das eher kurzfristige Glück eines optimistischen Lebens, das mit einem gewissen Grad an Ignoranz einhergeht? Das hat den Vorteil, dass man so die Tragik des Lebens verdrängen kann. Evolutionär gesehen ist diese Optimismus-Illusion wahrscheinlich durchaus sinnvoll, um ein Leben voller Verlust, Bedeutungslosigkeit und Tod zu meistern.

Oder wählt man die zweite Variante, zieht also eher die düstere, trockene Einstellung der Depressiven Realisten vor, die auf langfristiges Denken angelegt ist, aber dafür auch mehr Klarheit bringt? Für John Stuart Mill wäre die Sache eindeutig. Er sagte: »Es ist besser, ein unzufriedener Mensch zu sein als ein zufriedengestelltes Schwein; besser ein unzufriedener Sokrates als ein zufriedener Narr.«[37]

Nun. Wie auch immer man sich individuell entscheiden mag, eines wird jedenfalls deutlich: Depressiver Realismus ist keinesfalls »krankhaft«, sondern vielmehr eine große Entzauberung, die zu einer Lebenshaltung werden kann. Eine, die dabei den Vorhang der Illusionen aufreißt und die ungeschönte Wahrheit ans Licht bringt. Und wenn jetzt einer sagt: »Ich möchte aber lieber verzaubert werden!« – okay, natürlich, nur zu! Sie kennen meine Antwort. Ich möchte lieber nicht.

Pessimisten leben länger – leider

Doch um die Menschen nicht zu hassen,
muss ich den Umgang unterlassen.

Caspar David Friedrich[1]

Pessimisten küsst man nicht. Diesen bescheuerten Titel gab man Anfang der Neunzigerjahre ernsthaft einem Buch von Martin Seligman, Sie erinnern sich, dem Begründer der Positiven Psychologie.[2] Wohlgemerkt nur der deutschen Übersetzung, das Original heißt einfach *Learned Optimism*. (Zu gerne wäre ich bei dieser Titelfindung im Verlag dabei gewesen, wie das wohl abgelaufen ist: »Lass mal einen Titel finden, der die Pessimisten so richtig vergrätzt! – Ja genial, das wird sich super verkaufen.«) Das Pessimisten-Bashing ist spätestens seitdem in vollem Gange.

Und dabei ist es doch so: Pessimisten küssen deutlich besser als Optimisten. Denn der Optimist gehört zu den rüpelhaften Rührern. Er ist sich seiner Sache viel zu sicher, ziemlich forsch mit der Zunge und sehr einnehmend. Kein Zweifel, niemand kann ihm widerstehen. Der Pessimist dagegen ist der Tastende. Vorsichtig und gefühlvoll reagiert er auf jeden noch so feinen Impuls, geht auf Sie ein. Der Pessimist möchte Sie nicht überrumpeln und schärft dafür alle seine Sinne.

Und trotzdem hat der Pessimist keinen besonders guten Ruf. Negative Zustände hätten »schädliche Folgen bei den meisten Bestrebungen«, behauptet Seligman, darum seien Pessimisten »Verlierer an vielen Fronten«.[3] Mit einer Ausnahme: Sie seien erfolgreichere Anwälte, weil sie die Schlechtigkeiten der Menschen und alle denkbaren Katastrophen besser antizipieren könnten. Witzig.

Seligman geht aber noch weiter. Seit Jahrzehnten will er auf Teufel komm raus beweisen, dass Pessimisten eher sterben, Optimisten also länger leben. Wenn es tatsächlich so wäre, würde das seinen Ansatz bestätigen. Doch, wie viele Kritiker anmerken, nimmt es Seligman mit den Zahlen nicht immer so genau. In seinem Buch *Authentic Happiness* präsentiert er weitere Belege für seine These, dass Optimismus das Leben verlängert.[4] Ein wichtiger Referenzpunkt ist für ihn die berühmten »Nonnenstudie«. In dieser Untersuchung wurden die handschriftlichen Bekenntnisse von Nonnen analysiert, die in den 1930er-Jahren als junge Frauen ins Kloster eingetreten waren. Das korrelierten die Forscher dann mit dem Lebensalter. Nonnen, die in ihren frühen Zwanzigern voller Inbrunst von Gott, seiner Dreifaltigkeit und der heiligen Jungfrau Maria schwärmten, erreichten eher ein hohes Alter von über neunzig Jahren, während diejenigen Ordensschwestern, die in ihrem Schreiben weniger enthusiastisch waren, auch früher starben.[5] Seligman zufolge entsteht aus solchen Untersuchungen das »eindeutige Bild«, dass Optimismus die Gesundheit verbessert und das Leben verlängert.[6] Aber dieser Schluss ist schon sehr an den Haaren herbeigezogen. Ob die Nonnen optimistisch waren, wurde nämlich gar nicht untersucht. Mit derselben Vehemenz könnte Seligman behaupten, dass religiöser Eifer ein langes Leben garantiert. Andere Studien fanden dagegen heraus, dass eher Gewissenhaftigkeit, Ausgeglichenheit, Pessimismus (jawohl) und sogar Streitsucht mit Langlebigkeit korreliert sind. Was, nun ja, eher gegen die Optimismus-These spricht.[7] Aufgrund der unklaren Datenlage kann man also genauso gut behaupten, Pessimisten leben länger.

Doch aller Kritik zum Trotz ist der Mythos der optimistischen Langlebigkeit einfach nicht aus der Welt zu schaffen, seit Seligman ihn in die Welt gesetzt hat. Das liegt auch daran, dass es bei der medialen Veröffentlichung eine »Publikationsverzerrung« gibt: Vor allem diejenigen Studien werden in den Zeitungen veröffentlicht, die ein überraschendes Ergebnis liefern, besonders, wenn sie unsere Vorurteile oder Hoffnungen bestätigen.[8] Das jüngste Beispiel ist eine groß angelegte US-amerikanische Untersuchung zur Langlebigkeit durch Optimismus. Die großen Zeitungen, der *Spiegel,* die *Süddeutsche Zeitung* und die *BBC* titelten: »Optimisten leben länger«.[9] Ja wirklich? Dabei ist das Ergebnis dieser Studie gar nicht so eindeutig, im Gegenteil, die Forscher selbst warnen darin sogar vor zu schnellen Schlüssen und sind vorsichtig mit der Deutung der Ergebnisse.[10] Das wird aber oft gar nicht erwähnt. Das Problem ist nämlich: Bei der Untersuchung handelt es sich erst mal nur um eine Korrelationsstudie. Das bedeutet, es wurden zunächst nur zwei Faktoren in Beziehung gesetzt, Optimismus und Lebensdauer. Damit ist aber nicht gesagt, welcher Faktor welchen verursacht. Doch das ist essenziell. Die Zahlen der Störche und der Geburtenraten in allen Ländern Europas sind zum Beispiel auch korreliert, was aber nicht heißt, dass die Störche die Babys bringen. Es gibt wirklich bizarre Korrelationen, die überhaupt nichts miteinander zu tun haben, wie etwa der Margarinekonsum von US-Amerikanern und die Scheidungsrate im US-Bundestaat Maine (es ist wirklich über knapp zehn Jahre der gleiche Kurvenverlauf!).[11] Bei der Optimismus-Frage verhält es sich genauso. Sind optimistische Menschen besser drauf, weil sie gesund sind, oder sind sie gesund, weil sie optimistisch sind? Oder gibt es einen ganz anderen Faktor, der hier die entscheidende Rolle spielt, wie Barbara Ehrenreich zu bedenken gibt, zum Beispiel Bewegung: Optimisten könnten einfach körperlich aktiver sein als der Durchschnitt. In diesem Falle würde Langlebigkeit nur indirekt vom Optimismus abhängen – jeder Pessimist, der aus Sorge um seine Gesundheit regelmäßig joggen geht, hätte dann auch eine hohe Lebenserwartung.[12] Doch für viele Zeitungsberichte und populäre Medien gilt wie gesagt: Erfolgsgeschichten verkaufen sich besser. »Optimisten leben länger« oder »Glück kann man lernen, hier sind 5 Schritte« sind eben gute Schlagzeilen, »Das Schicksal ist oft unerbittlich, und wir können weniger dagegen tun, als wir denken« eher nicht.

Überraschenderweise fand der Psychologe Howard S. Friedman genau das Gegenteil heraus von dem, was Seligman behauptet. Er hält die These der optimistischen Langlebigkeit für einen Mythos. Ihm zufolge stimmt es nicht, dass positive Gedanken zu einem längeren Leben führen, Sorgen schlecht für die Gesundheit sind und viel Arbeit die Gesundheit schädigt. Dazu beendete er im Jahr 2011 eine einzigartige Untersuchung, die sein Kollege Lewis Terman schon im Jahr 1921 in San Francisco begonnen hatte. Nämlich das sogenannte *Langlebigkeitsprojekt,* in dem 1500 Schüler, die um 1910 auf die Welt gekommen waren, ihr Leben lang beobachtet wurden. Und es stellte sich heraus: Die Menschen, die als Kinder eher pessimistisch waren, wurden im Schnitt älter als die Optimisten. Sie haben weniger exzessiv gelebt, waren insgesamt vorsichtiger und hatten seltener gefährliche Hobbys, wie Fallschirmspringen oder Freeclimbing.[13] Friedmans bahnbrechende Forschung legt also einen ganz anderen Schluss nahe, nämlich: Pessimisten leben länger!

Das große Herz der Nicht-Glücklichen

Anton hat einen guten Tag. Er hat gerade eine Gehaltserhöhung bekommen. Das Leben ist gut zu ihm. Er läuft im gleißenden Nachmittagslicht die Straße hinunter und genießt den warmen Sonnenschein auf seinem Gesicht. Anton geht es so gut, dass er im Bus gar nicht wie sonst bemerkt, dass sich die alte Dame hinsetzen möchte. Im Kino geht er direkt zur Kasse, ohne die Schlange zu sehen. Seine gute Stimmung macht ihn unachtsam und egoistisch. Positive Menschen ziehen sich emotional eher zurück und fokussieren auf sich, oft ohne es zu merken. Dabei sind sie weniger einfühlsam und zeigen weniger Sorge und Solidarität. Huch, Moment, denkt man. Müsste es denn nicht andersherum sein? Nein!

Denken Sie an die Extremfälle von Rücksichtslosigkeit zurück: den Manischen, den Verliebten und den Crystal-Meth-Junkie. Doch auch schwächere Varianten im Alltag konnte der Psychologe Joseph Forgas im sogenannten Diktator-Spiel nachweisen, einem Experiment aus der Spieltheorie.[14] Im Prinzip funktioniert es wie eine Tüte Gummibärchen auf einem Kindergeburtstag. Der erste von den insgesamt zwei Spielern erhält eine Summe Geld, über die er frei bestimmen kann. Er ist der »Diktator«: Er kann dem zweiten Spieler etwas davon abgeben, aber auch alles behalten. Wären Menschen bloß egoistische Gewinnmaximierer, wie es die klassische Ökonomie früher angenommen hat, würden sich die Diktatoren das Geld in die Tasche stecken, sich höflich verabschieden und nach Hause gehen. Doch das tun sie nicht. Fast immer geben sie einen beträchtlichen Teil dem zweiten Spieler, den sie gar nicht kennen. Überraschend ist noch eine zweite Beobachtung. Die Großzügigkeit der Diktatoren hängt von ihrer Grundstimmung ab. Positiv gestimmte Teilnehmer behalten mehr Geld für sich, traurige[15] Diktatoren sind – auch gegenüber Fremden – großzügiger.[16] Verblüffend. Intuitiv würde man ja annehmen, dass es genau andersherum ist, denn wer gerade glücklich ist, hätte mehr Zeit und Grund, anderen zu helfen. Und niemandem, der traurig ist, würde man es verdenken, wenn er sich zuerst mit sich selbst beschäftigen will. Dass es genau umgekehrt ist, begründen die Forscher so: Wahrscheinlich lenken Personen, die positiv gestimmt sind, ihre Aufmerksamkeit stark auf sich selbst, während nicht glückliche Menschen paradoxerweise eher auf ihre Umwelt achten und sich fragen, wie es anderen geht. Die negativ Gestimmten sind stärker sensibilisiert für Leid und Ungerechtigkeit und verhalten sich gerade deshalb deutlich fairer als ihr glückliches Äquivalent.[17] Zugespitzt kann man also sagen: Die Nicht-Glücklichen haben ein größeres Herz und sind solidarischer mit anderen.

Das zeigte sich auch während der Corona-Pandemie. In Zeiten der ständigen Sorge, der Isolation und der Mehrfachbelastung ging es den Menschen in Deutschland deutlich schlechter, auch finanziell. Gleichzeitig haben sie aber im Jahr 2020 so viel Geld gespendet wie schon lange nicht mehr. Ganze 5,4 Milliarden kamen zusammen, das waren 260 Millionen mehr als im Jahr zuvor.[18] Erstaunlicherweise wurde besonders viel während der Lockdowns gespendet. Der Großteil der Spenden, drei Viertel, ging an humanitäre Hilfe. Gerade weil es vielen Menschen nicht so gut ging, waren sie wahrscheinlich auch sensibler für das Leid anderer Menschen.

Eine negative Grundstimmung hat noch einen weiteren sozialen Vorteil. Paradoxerweise macht sie Menschen im Umgang mit anderen sogar freundlicher. Das zeigte ein anderes Experiment von Forgas.[19] Darin wurden Versuchspersonen in unterschiedliche Stimmungen versetzt und danach aufgefordert, in einem fremden Büro einen Hefter auszuleihen. Es stellte sich heraus: Die Gruppe der Nicht-Glücklichen fragte höflicher, vorsichtiger und sogar durchdachter. Das sei vermutlich so, weil sie etwas mehr auf andere Menschen eingehen.[20] Mit anderen Worten: Menschen, die sich in einer nicht glücklichen Grundstimmung befinden, sind auch sozial angenehmere Zeitgenossen.

Negative Gefühle weiten den Blick und eröffnen eine neue Perspektive für das Leid der Welt. Und daraus entspringt ja überhaupt erst jeglicher Antrieb, etwas zu verändern. Umso erstaunlicher, dass Seligman und die Positive Psychologie darauf beharren, wir sollten vor allem unsere *Perspektive* auf die Welt ändern. Doch das ist Unsinn. Warum soll ich meine Perspektive ändern, wenn ich die tatsächlichen Umstände ändern kann? Entgegen allen Vorurteilen ist es doch so: Den Fortschritt verdanken die Menschen den Unzufriedenen. Das sagte zwar schon Aldous Huxley, aber eigentlich liegt es auf der Hand.[21] Die Dinge nur hinzunehmen, wie sie sind, hat noch nie zu Veränderung geführt.

Stellen Sie sich einmal zwei verschiedene Weltläufe vor: In beiden wird der französische Chemiker Louis Pasteur als achtjähriger Junge Zeuge davon, wie Menschen in einem Dorf von einem tollwütigen Wolf gebissen werden. Er muss mitansehen, wie die Bisswunde bei den Menschen behandelt wird: nämlich mit einem glühenden Eisen, mit dem der Schmied die Wunde ausbrennt. Er soll dieses Szenario sein Leben lang nicht vergessen. In Weltlauf Nummer eins denkt sich der inzwischen älter gewordene Louis: »Ja, schlimm war das damals mit den schreienden Menschen und dieser Bisswunde… Na ja. Ich mache jetzt ein paar Achtsamkeitsübungen und brühe mir den ›Chill dich weg‹-Tee auf. Ich muss schließlich meine positive Energie beschützen.« Und es werden weiterhin Wunden mit dem Schmiedeeisen ausgesengt.

In Weltlauf Nummer zwei denkt Louis: »*Putain de merde*, war das ein furchtbares Erlebnis. Es muss doch ein besseres Mittel gegen Tollwut geben… Vielleicht kann ich eins finden.« Zum großen Glück für uns alle ist der zweite Fall eingetreten. Im ersten wäre nie die Tollwutimpfung erfunden worden, genauso wenig wie irgendeine andere Impfung gegen Infektionskrankheiten. Und übrigens, die nach Louis Pasteur benannte pasteurisierte Milch gäbe es dann auch nicht. Und die brauchen die Optimisten ja für ihren Selfcare-Nachmittag mit Frozen-Yoghurt-Becher.

Das Negative ist politisch

Die Pessimisten haben eine negative Sicht auf die Dinge. Die hören wir nicht so gerne, darum provozieren sie oft unsere Abwehrhaltung, auch darum, weil wir fälschlicherweise annehmen, ihre negative Einstellung werde auch negative Folgen haben. Dabei ist oft das Gegenteil der Fall. Negative Erlebnisse und Einstellungen gegenüber der Welt bringen uns weiter. »Sei nicht pessimistisch« ist ein bisschen so, wie wenn man Kindern sagt: »Streitet euch nicht!«, obwohl sie durch Streit überhaupt erst lernen, ihre Meinung zu bilden und mit Konflikten umzugehen.

Negatives ist ein Motor. Und zwar nicht nur für den Einzelnen, sondern auch für ganze soziale Bewegungen. Karl Marx' berühmte 11. Feuerbachthese[22] müsste eigentlich lauten: »Die Optimisten haben die Welt nur positiv interpretiert, es kommt aber darauf an, sie zu verändern.«* Denn gerade weil sie ein revolutionäres Potenzial haben, können negative Emotionen eine »revolutionäre Situation« erzeugen.[23] Statt sich die Missstände schönzureden, sollte man lieber die Dinge in der Welt ändern.

Negative Emotionen wie Frustration oder Wut tragen nicht nur zu gesellschaftlichem Zusammenhalt bei, sondern sie treiben Menschen auch dazu, so Eva Illouz, »sich gegen Unterdrückung und Ungerechtigkeit aufzulehnen«.[24] Sich sozial stets anzupassen und sich immer nur zu fügen würde hier »den politischen Charakter wegwischen«.

Alle negativen Gedanken und Gefühle zu unterdrücken trägt nämlich so auch dazu bei, soziale Hierarchien zu verfestigen. Und so bleibt alles, wie es ist. Das geht Hand in Hand mit der Schmerzvermeidung unserer »Palliativgesellschaft«. Wer will schon ständigen Aufruhr? Darum wird auch der Wütende schnell stigmatisiert als jemand, der sich nicht im Griff hat. Klassischer Todsünden-Move eben. Tatsächlich ist Wut essenziell für jegliche Veränderung.

Wut tritt immer dann auf, wenn wir daran gehindert werden, ein Ziel zu erreichen, wie der Emotionsforscher Paul Ekman feststellt.[25] In der Bibel und in Märchen ist dann etwas altertümlich von »Zorn« die Rede, man könnte auch biologisch von »Aggression« sprechen. Fällt unsere Reaktion schwach aus, sagen wir vielleicht, wir sind »genervt« oder »gereizt«. Ist die Reaktion sehr

---

* Das berühmte Original, die 11. Feuerbachthese, lautet: »Die Philosophen haben die Welt nur verschieden interpretiert, es kommt aber darauf an, sie zu verändern.«

stark, sagen wir, wir sind »aufgebracht«, wir »toben« oder »rasten aus«.[26]

Wut hat aber Ekman zufolge noch eine zweite Seite. Wir werden auch dann wütend, wenn uns oder anderen ein Unrecht geschieht, zum Beispiel, wenn wir unfair behandelt werden. Dann sind wir empört. Empörung ist moralische Wut. Denken Sie an eine Szene auf der Straße, in der jemand einen Rentner ausraubt. Oder wenn sich jemand während einer Pandemie am Geschäft mit medizinischen Masken bereichert.

Empörung ist nicht immer, aber doch oft »berechtigter Zorn« (*righteous anger*, wie er im Englischen heißt), eine unmittelbare Reaktion auf ein tatsächlich existierendes Unrecht, die uns sagt: »Hier ist was nicht in Ordnung.« Dann ist Empörung, also moralische Wut, auch gerechtfertigt, weil sie an objektiven Kriterien Bestand hat.

Zwar haben einige Lebensphilosophien wie der Buddhismus, die Stoa und die Religion der Jedi-Ritter Wut als negative Emotion verurteilt, sie haben allerdings dabei vor allem an die Extremform gedacht, die als Hass oder Verachtung auftritt, oft zu Gewalt führt und dadurch auch ungerecht und unangemessen ist.[27] Ein Beispiel aus unserer Zeit wären die Wutbürger, Impfgegner und Leugner des Klimawandels, die vor allem aus verschwörungstheoretischen, irrationalen Gründen wütend sind und dazu noch den Ausdruck ihrer Empörung übertreiben.

Und natürlich regen wir uns alle manchmal über Banalitäten auf, die wir ohnehin nicht ändern können. Wenn der Computer mit allen wichtigen offenen Tabs abschmiert oder wenn das Auto im Winter einfach nicht anspringt. Diese Wut über Banales war es auch, von der die Stoiker glaubten, dass sie sich überhaupt nicht lohnt und reine Zeitverschwendung ist – eben weil es dabei meist nicht um wichtige moralische Fragen geht. (Was natürlich nicht zu verwechseln ist mit Schimpfen und Kvetching. Dafür ist die Zeit nie verschwendet!)

Außerdem ist Wut im zwischenmenschlichen Alltag ein wichtiges Kommunikationsmittel: Genervtsein zeigt dem Partner an, dass er etwas ändern soll oder dass es etwas auszuhandeln gibt. Bei berechtigter Wut kann deren Kommunikation auch ein wichtiges Gruppenphänomen hervorbringen. Nur wenn ich sehe, dass die anderen auch aufgebracht sind, kann ich mich ihnen mit dem gleichen Anliegen anschließen. Wut wirkt dann als Initialzündung für politische Handlungen. Wir erinnern uns: Nur weil die Franzosen gemeinsam wütend waren, konnten sie die Bastille stürmen und die Französische Revolution anstoßen.

Wenn man aber jede Art von Negativität verurteilt, wie man es zum Beispiel oft bei Wut tut, raubt man den Menschen ein Zusammengehörigkeitsgefühl und so auch die »Möglichkeiten kollektiven Handelns«, so Illouz. Denn »öffentliche Proteste und sozialen Wandel gäbe es nicht ohne die geballten Gefühle vieler wütender oder verärgerter Bürgerinnen«, und das ist ein wesentlicher Punkt: »Solche Gefühle unter den Teppich des positiven Denkens zu kehren heißt, die emotionale Struktur gesellschaftlicher Miseren und Konflikte zu stigmatisieren und zu beschämen.«[28]

Das Mantra »Good Vibes Only« ist also nicht nur richtig super für die Wirtschaft, sondern es freut auch freche Machthaber. Oder Raubtierkapitalisten. Und eben alle, die vom Status quo profitieren. Meditieren Sie sich eben Ihre Geldsorgen weg. Seien Sie dankbar – dafür, dass Sie überhaupt etwas haben!

Gute Gefühle führen nur zu Positivem und negative Gefühle nur zu Negativem? Dass das eine grobe Vereinfachung ist, erkennt man zum Beispiel auch am Thema Neid. Die Deutschen sind gern neidisch, und genau diese Form des kleinlichen Nachbarschaftsneids (»Da drüben ist der Zaun aber so poliert und der Flieder so viel buschiger, aha, aha …!?) ist hier ausdrücklich nicht gemeint. Neid ist keine sympathische Charaktereigenschaft und ist häufig nicht gerechtfertigt. Manchmal, in einem größeren Rahmen, aber doch. Denn Neid ist ein extrem wichtiger politischer Antrieb. So wie im Englischen von *righteous anger* die Rede ist, sollte man im Deutschen von »gerechtfertigtem Neid« sprechen. Ohne Neid hätte es nie gesellschaftliche Umverteilung gegeben.

Auf die sozial »korrigierende Funktion« des Neides wies schon der Essayist William Hazlitt sinngemäß hin: »Zu den Zutaten des Neids zählt auch die Liebe zur Gerechtigkeit«, denn wir würden uns viel mehr über unverdienten als über verdienten Wohlstand ärgern.[29] Wenn Sie zum Beispiel hören, dass das reichste deutsche Geschwisterpaar, die BMW-Erben Klatten und Quandt, in nur einem einzigen Monat im Jahr 2018 ganze 1,1 Milliarden Dividende bekamen. Ihr Vermögen wird auf rund 34 Milliarden Euro geschätzt.[30] Was macht das mit Ihnen?

Wenn Sie aber lesen, dass die Firma BioNTech des Ehepaares Özlem Türeci und Ugur Sahin, die Entwickler eines Corona-Impfstoffes, inzwischen fünf Milliarden wert ist? Wahrscheinlich sind Sie deutlich wohlwollender und kaum neidisch. Die beiden haben es irgendwie eher verdient. Hier zeigt sich, dass Neid eben nicht ausschließlich stumpfe Missgunst bedeuten muss oder nur die eigene Gier anzeigt nach dem Motto »Ich will das, was der andere hat«. Sondern er zeigt eben auch an: Jemand sollte etwas nicht haben, weil er es aus den falschen moralischen Gründen hat.

So paradox es klingen mag: Gerechtigkeit entspringt oft eher einem Gefühl von Neid als einem allgemeinen Gerechtigkeitssinn. Darauf deutet jedenfalls eine große psychologische Untersuchung hin, die in vier kulturell recht unterschiedlichen Regionen durchgeführt wurde, und zwar in den USA, Großbritannien, Indien und Israel. Darin nahmen 6000 Menschen an zahlreichen experimentellen Spielen teil, bei denen es um die Umverteilung von Besitz und die Einführung von neuen Steuerregeln ging. Das Ergebnis: Wer grundsätzlich ein starkes Mitgefühl hatte, war viel eher bereit, den Armen Geld zu geben, als der Durchschnitt. Ein ausgeprägter Gerechtigkeitssinn hatte aber dabei keinen Einfluss auf diese Umverteilung.[31]

Außerdem überraschend: Neid stellte sich hier als der Gegenakteur zu Mitgefühl heraus, in dem Sinne, dass beide Emotionen die Extreme nach unten und oben ausgleichen. Mitgefühl gibt den Armen, Neid nimmt den Reichen. Wer starken Neid verspürte, war viel eher bereit, den Reichen viel zu nehmen. Steuern waren in diesem Experiment vor allem eine Strafe für Reiche. Wie beim Mitgefühl war auch hier der Gerechtigkeitssinn der Probanden kaum relevant, sondern vor allem ihr Neid. Mit anderen Worten, selbst wenn es am Ende um Gerechtigkeit geht und wir Umverteilung mit unseren Vorstellungen von Fairness und Verteilung rechtfertigen, ist unser Antrieb vielleicht doch weniger edel, als uns lieb ist. Wir sind neidisch.

Im Idealfall wirft Neid eine Debatte über Fairness und Gerechtigkeit an. So hat es zum Beispiel während der Pandemie 2021 »Impfneid« gegeben, der in vielen Fällen tatsächlich moralisch verwerflich war, etwa wenn der kerngesunde Student dem Rentner die frühe Impfung missgönnt hat. Doch andere Fälle des »Impfneids« waren völlig gerechtfertigt. Zum Beispiel wenn die sechzigjährige Kindergärtnerin mit Asthma fragt, warum der siebzigjährige Unternehmer mit Villa in Blankenese, der sich perfekt schützen konnte, Monate vor ihr geimpft wird. Solche konkreten Fälle haben mehr zur gesellschaftlichen Diskussion über Priorisierungen und Impfgerechtigkeit beigetragen als abstrakte Überlegungen zur Gerechtigkeitstheorie.

Jeder sozialen Bewegung liegt die Überzeugung zugrunde: So wie es gerade ist, ist es ungerecht. Warum hat der eine so viel und alle anderen so wenig? Diese Fragen sind grundlegend für jede Gemeinschaft. Auch darum ist in Ländern mit einem guten Sozialsystem, also in Staaten, die viel umverteilen, die Lebenszufriedenheit der Menschen im Durchschnitt höher.[32] Extreme Ungleichheit abzuschaffen führt dazu, dass es allen Menschen besser geht.

Es klingt verrückt, aber der Neid früherer Generationen, und eben nicht ihre andere Perspektive auf das Leben, führte dazu, dass es uns allen (im Durchschnitt) heute besser geht. Dass dieser Kampf um Verteilungsgerechtigkeit noch lange nicht abgeschlossen ist, versteht sich von selbst. Dazu muss man sich nur die Vermögensverhältnisse in Deutschland anschauen. »Es gibt kaum ein Land auf der Welt, das Arbeit so stark und private Vermögen so gering besteuert wie Deutschland«, sagt der Ökonom Marcel Fratzscher.[33] *Make Vermögensumverteilung great again.* Dafür lebt man als Pessimist doch »gerne« ein bisschen länger. Pessimisten haben ja auch noch einiges zu tun. Denn die Welt wurde von den Unzufriedenen verändert.

Die Autonomie des Nein

Nein
Bedauert,
Sie zu informieren.
Nein
Lässt keine Fragen zu.
Nein ist Nein.
Nein Quarterly (Eric Jarosinski)[1]

Ein Anwalt in der New Yorker Wall Street stellt in seiner Kanzlei einen neuen Schreibgehilfen ein. Sein Name ist Bartleby, »der ein Schreiber war, und zwar der seltsamste, den ich je gesehen, von dem ich je gehört hatte«, wie der Erzähler sagt.[2] Anfangs ist er übertrieben fleißig, kopiert Dinge, arbeitet viel. Doch nach einiger Zeit verweigert er alle möglichen Arbeiten mit der Aussage »I would prefer not to«, auf Deutsch: »Ich möchte lieber nicht.«[3] Bartleby tut einfach nichts mehr. Irgendwann haust er im Büro vor sich hin, ohne einen Finger zu krümmen, und bleibt. Er besetzt den Ort einfach und zwingt so seinen Arbeitgeber dazu, das Büro zu verlassen. Am Ende wird er vom Nachmieter herausgeschmissen und stirbt im Gefängnis, weil er sogar die Nahrung verweigert. Diese Erzählung von Herman Melville mit dem Titel *Bartleby der Schreiber – Eine Geschichte aus der Wall Street* von 1853 klingt wie Kafka in seinen dunklen Stunden. Die Protestbewegung *Occupy Wall Street* bezog sich im Jahr 2011 auf Bartleby, weil er so gesehen der Erste war, der jemals die Wall Street okkupierte.[4]

Slavoj Žižek sieht in Bartlebys Haltung eine Möglichkeit, dem kapitalistischen System und seiner Alternativlosigkeit zu begegnen. Denn ganz gleich, wie wir die Zustände kritisieren, wir befinden uns in einer ständigen Wiederholung, so Žižek, nichts bricht wirklich aus dem System aus, man bleibt doch immer nur darin gefangen: »It's a trap!«[5] Darum sei es besser, nichts zu tun, als bei Dingen mitzumachen deren Funktion es sei, »das System besser am Laufen zu halten«.[6] Das heutige Problem ist nämlich nicht Passivität, so Žižek, sondern Pseudoaktivität: Das Bedürfnis, aktiv und irgendwie dabei zu sein, Aktivität nur zu simulieren und damit zu kaschieren, dass eigentlich überhaupt nichts passiert; er nennt es »the Nothingness of what goes on«.[7]

Dabei ist das gesellschaftlich fatal, denn der Kapitalismus hat konkrete Folgen für alle Menschen, auch für die, die von ihm profitieren. Durch die Ausbeutung der Umwelt steuern wir nicht nur auf eine ökologische Krise zu, mit Wasserknappheit, steigendem Meeresspiegel und der Vertreibung von Menschen aus ihrer Heimat. Hinzu kommen die Gefahr künftiger Pandemien, wachsende soziale Ungleichheit und Kriege um Ressourcen wie Wasser, Öl und Nahrung und eine steigende Militarisierung der Länder, um nur einige Konflikte zu nennen. All diesen Krisen muss man realistisch und politisch begegnen. Doch es passiert viel zu wenig; wir reden zu viel, simulieren zu viel, führen Debatten, aber wir handeln kaum.

Die Parallelen zum Terror des Positiven sind offensichtlich. Auch hier wird eine ganze Menge Nichts kaschiert, auch hier gibt es viel Pseudoaktivität. Wenn jede Person das Ziel hat, für sich maximal glücklich zu sein, ist sie so allumfassend damit (und mit der Simulation des Glücklichseins) beschäftigt und gleichzeitig so im System verankert, dass sie die großen Zusammenhänge nicht mehr sieht. So gesehen ist das Glück wie der Ring bei *Der Herr der Ringe;* es hat den Zweck, uns alle ewig zu binden.

Für Žižek geht es sogar noch weiter. Aus Bartlebys »I would prefer not to« folgt auch, das »not to« zu betonen, also die Negation zu wählen.[8] Dabei geht es nicht um die Verweigerung einer bestimmten Sache, wie »ich möchte dies und jenes nicht, aber etwas anderes schon«, sondern um die absolute Verweigerung. Es ist das Nein zu jeder Entscheidung. »Ich möchte lieber nicht« bricht so mit dem gesamten Spiel von Macht und Widerstand. Es bedeutet, sich auf gar keinen Kompromiss mit dem Spiel mehr einzulassen. Wie in der Serie *Game of Thrones*, wenn Daenerys Targaryen sagt: »Ich werde das Rad nicht anhalten. Ich werde das Rad zerstören.« Für Žižek (und Daenerys) eröffnet das einen neuen Raum. So gelangt man von der Politik des Protestes, die nämlich immer auch braucht, wogegen sie ist, zu einer Politik unabhängig davon und ganz außerhalb dieser Logik.[9] Natürlich ist das polemisch überspitzt formuliert: Wir können ja nicht wirklich alles verweigern, sonst würden wir am Ende wie Bartleby verhungern. Aber den ersten Gedankenschritt könnte man mit Bartleby und Žižek gehen, um die Hoheit über seine eigenen Entscheidungen zurückzubekommen. Erst mit dem Blick möglichst weit außerhalb des gesamten Spiels können wir uns fragen, nach welchen Regeln wir unser Leben eigentlich selbstbestimmt verbringen wollen.

Innerhalb des Systems gelingt einem die Antwort nur selten. Wir leben in einer Zeit der maximalen Überforderung. Von morgens bis abends wird man im Alltag von stillen und drängenden Aufforderungen unter Druck gesetzt: vom Smartphone, die neue App zu installieren, von E-Mails mit den neuen Urlaubszielen, Netflix bietet uns jeden Tag Hunderte Serien und über 4000 Filme an, Amazon Prime in den USA sogar fast 13.000. Es gibt ein Überangebot von allem. Wer studieren will, muss heute zwischen über 16.000 verschiedenen Studienfächern wählen, wer ein Buch lesen will, zwischen 2,5 Millionen lieferbaren Titeln (und das nur auf Deutsch), 70 Millionen Spotify-Songs wollen gespielt werden. Wenn man überlegt, dass jede Entscheidung für einen Song in dem Moment eine Entscheidung gegen 69.999.999 andere Lieder ist, geht einem ja kurz das Gehirn kaputt. 40.000 Produkte locken in einem großen Supermarkt und, was am allerschlimmsten ist, über 200 Varianten Staubsaugerbeutel (und trotzdem erwischt man immer den falschen).[10]

Wer in dieser Zeit des sozialen Zwangs, des erdrückenden Überangebots von Konsumgütern und des ewigen Stroms von Ablenkungen ein selbstbestimmtes Leben führen will, muss viel öfter »Nein« als »Ja« sagen. Denn ohne »Nein« kann es keine individuelle Freiheit geben. Nein zu sagen und sich zu verweigern ist eine grundlegende Voraussetzung für unsere menschliche Autonomie und Unabhängigkeit.

Es muss ja nicht immer das große Nein, die Subversion des ganzen Systems sein, wie Žižek es meint (kann es aber natürlich). Sondern auch bei allen kleinen Dingen; das kleine Nein. Nein, ich will keine neuen Sneakers mit fluoreszierenden Schnürsenkeln. Nein, ich mache beim neuen Einrichtungstrend *Danish Pastel Eclectic* (lieber Himmel) nicht mit. Nein, ich schreibe nichts zu diesem Twitter-Hashtag. Nein, ich will keine Pokémons einsammeln. Nein, ich möchte nicht mein wahres Selbst finden. Und nein, ich will gar nicht überglücklich sein. Ich will einfach nur hier sitzen.

Horror Vacui

Stichwort »Pseudoaktivität und erdrückendes Überangebot«: Unsere heutige Unterhaltungsindustrie ist ideal für Hedonisten, die jedem Kick nachjagen wollen. Alles ist Entertainment. Noch vor nicht allzu langer Zeit haben sich Menschen vor allem aus Angst vor der existenziellen Leere, dem *Horror Vacui*, den Göttern zugewandt – auch deshalb, weil sie sich einredeten, die höheren Wesen würden ihr Schicksal lenken. Heute wählen wir die Ablenkung. Der Gott unserer Zeit ist der Gott des Vergnügens. Wir hecheln auch deshalb dem Glück hinterher, weil wir uns mit unserer eigenen Bedeutungslosigkeit einfach nicht konfrontieren wollen. Und schon gar nicht mit unserer Sterblichkeit. Anstatt dem Tod ins Auge zu blicken und damit wirklich frei zu sein, lenken wir uns lieber ab.

In seiner gewohnt poetischen Schonungslosigkeit vergleicht Nietzsche unsere Ablenkung vom Tod mit dem großen Trubel vor der Abfahrt eines Auswandererschiffes: »Man hat einander mehr zu sagen als je, die Stunde drängt, der Ozean und sein ödes Schweigen wartet ungeduldig hinter alle dem Lärme, so begierig, so sicher seiner Beute. Und Alle, Alle meinen, das Bisher sei Nichts oder Wenig, die nahe Zukunft sei Alles: und daher diese Hast, dies Geschrei, dieses Sich-Übertäuben und Sich-Übervorteilen! Jeder will der Erste in dieser Zukunft sein, und doch ist Tod und Totenstille das einzig Sichere und das Allen Gemeinsame dieser Zukunft!«[11] Übrigens findet sich auf Pink Floyds Album *Dark Side of the Moon* ein ähnlicher Gedanke. Im Song *Eclipse* sagt eine Stimme, dass es überhaupt keine dunkle Seite des Mondes gebe, weil alles dunkel sei.[12]

Als wollte er Nietzsches Beobachtung für unsere Epoche weiterführen, hat David Foster Wallace darüber geschrieben, dass heute niemand mehr allein sein kann. Wir wollen uns lieber betäuben. Ob nun auf dem Autorücksitz oder beim Zahnarzt, überall gibt es Bildschirme und Unterhaltung. Wir fürchten weniger die Unfreiheit, so Foster Wallace, sondern: »Der große transzendente Horror ist die Einsamkeit, die Ausgeschlossenheit, die Einsperrung im Selbst«, schreibt er in *Unendlicher Spaß*.[13] Man könnte auch sagen, es ist die Angst, wenn man in sich hineinhört, eigentlich ziemlich wenig zu hören, oder noch schlimmer, die Angst, dass dort Stille ist. Oder wie es Karl Valentin formulierte: »Heute in mich gegangen. Auch nichts los.«[14]

Die Konsumkultur hat auf geniale Weise auf diesen *Horror Vacui* reagiert. Sie bietet die ultimative Ablenkung von der existenziellen Leere, indem sie uns permanent berieselt, kleine Erlebnismomente verkauft und uns gleichzeitig suggeriert, wir selbst sollten ständig glücklich sein. Davon müssen wir uns ein für alle Mal befreien. Nicht nur, weil uns das andauernde Konsumieren unfrei macht, sondern auch, weil wir uns selbst unterdrücken, uns einkerkern in einem Strom von künstlich heraufbeschworenen Glücksmomenten, anstatt selbstbestimmt und authentisch zu leben. Darum liegt in dieser Verweigerung die eigentliche Befreiung. Oder anders gesagt: »Warum glücklich sein, wenn man auch interessant sein kann?«[15]

Unterdrückt vom Glück

Denken Sie an das Scrollen auf dem Smartphone. Jeder Klick, jeder Like ist ein kleiner Dopaminkick, vergleichbar mit einem Minidrogenrausch. Doch wie alles im Leben nimmt auch das hochgepeitschte Glücksgefühl schnell ab. Der zweite Kick ist schon schwächer. Der dritte bereits langweilig. Das liegt vor allem am »abnehmenden Grenznutzen«, denn jeder Genuss verflüchtigt sich, weil wir irgendwann von ihm genug haben, zum Beispiel satt sind.[16] So sind auch Glücksmomente nicht unendlich steigerbar, weil wir uns zu schnell an alles gewöhnen. Man kommt über ein bestimmtes Level nicht hinaus. Freunde treffen, in den Urlaub fahren, Alkohol trinken, mehr Geld haben, all das steigert die Zufriedenheit tatsächlich, aber eben nur bis zu einem bestimmten Punkt. Zum Beispiel steigt mit einem höheren Nettoeinkommen zwar auch die Zufriedenheit, aber ab einem gewissen Punkt nur noch sehr langsam. Diese Grenze liegt in Deutschland bei etwa 2000 Euro netto pro Person im Monat.[17] Reichtum macht also nur minimal zufriedener. Jeden Tag Alkohol trinken steigert die Zufriedenheit nicht. Nicht einmal, wenn man seine Freunde mehrmals im Monat trifft, wird man zufriedener.[18] Das ist eine frohe Botschaft für alle introvertierten Zimmerpflanzen: einmal im Monat reicht völlig aus. Das Prinzip »Je mehr, desto besser« funktioniert beim Glück nicht.

Die Konsumkultur macht uns also falsche Versprechen, denn sie bietet natürlich die kurzfristigen Glücksmomente an, die nie dauerhaft sein können. Und so machen wir uns abhängig vom Vergnügen. Hedonistisches Glück ist wie ein Rauschgefühl; flüchtig, wankelmütig und nur für den kurzen Moment, stark beeinflusst von äußeren Faktoren, wie Sommer, Sonne, Kaktus. Eigentlich sind aber die meisten hedonistischen, herausragenden Dinge gar nicht so wahnsinnig toll, wie wir sie uns ausmalen. Wir haben nur unglaubliche Angst, sie zu verpassen. Doch damit machen wir uns schon wieder abhängig. Und es ist doch so, die aufregende Party war meist nur in den Erzählungen der anderen so aufregend. Wir denken, wenn wir erst den perfekten Partner, das große Haus oder sehr viel Geld haben, werden wir endlich so richtig glücklich sein. Nein! Denn es ist immer noch unser eigener Hintern, den wir dann durch das große Haus tragen. Und es ist eigentlich egal, wohin man reist, wenn der Rest nicht stimmt; man nimmt sich ja immer selbst mit. Žižek zufolge ist das Problem, dass wir gar nicht wissen, was wir wirklich wollen. »Was uns glücklich macht, ist nicht, das zu bekommen, was wir wollen. Sondern davon zu träumen.«[19]

Schlimmer noch, das Glückspendel schwingt immer wieder gnadenlos zurück. Ein Lottogewinn kann einen sehr glücklich machen, klar. Aber nach ein paar Jahren kehren auch Lottogewinner wieder zu ihrem vorherigen Glückslevel zurück. Dieses Phänomen nennt man auch »hedonistische Anpassung«.[20] Man gewöhnt sich an fast alles.

Wir überschätzen hedonistisches Glück, das wie warmer Prosecco ist. Geht schnell in den Kopf, macht aber Kopfschmerzen. Und wir unterschätzen Zufriedenheit, den alten Bordeaux, der vielleicht sogar gut für das Herz ist, wenn man nicht zu viel davon trinkt.

Die Schönheit des Ringens mit sich selbst

Stellen Sie sich vor, Sie stehen auf einem Acker. Es ist Ihr Acker, Sie haben Kartoffeln angebaut. Es ist Sommer, die Sonne versengt Ihnen das Gesicht, Sie schwitzen, aber Sie wollen jetzt Ihren Acker umgraben. Es ist sehr anstrengend, die Mücken stechen, der Schweiß läuft Ihnen über das Gesicht, alles nervt, aber Sie werden es schaffen, und am Ende werden Sie Ihre eigenen Kartoffeln verspeisen! Also graben Sie. Am Ende sind Sie dreckig und total kaputt, aber Sie haben es geschafft. Wie fühlen Sie sich? Wahrscheinlich sehr zufrieden! Denn Sie haben Ihr Ding durchgezogen.

Menschen sind dann zufrieden, wenn ihr Leben im Großen und Ganzen ihren Vorstellungen entspricht. Und nun kommt es. Das ist nicht der Fall, wenn sie extrem viel Geld haben oder den ständigen Nervenkitzel erleben, sondern wenn sie spüren, ihr Leben unter Kontrolle zu haben, und »Selbstwirksamkeit« erleben, also das Gefühl haben, die Auswirkung der eigenen Arbeit zu spüren. Das klingt erst mal wenig aufregend, ist aber ziemlich wirkungsvoll. Eben zum Beispiel, wenn man einen Acker umgräbt oder an einem langen Projekt arbeitet, das am Ende aufgeht. Das Gefühl von Selbstwirksamkeit ist letztendlich nichts anderes als das Gefühl von Autonomie. Ob man nun etwas kreiert, ein Problem löst, ein Auto repariert, ein Kunstwerk erschafft, eine Ausbildung abschließt, ein Baumhaus baut, der Freundin beim Umzug hilft. Das Ergebnis gibt einem eine tiefe Zufriedenheit, weil man merkt, dass man die Welt selbst nach seinem Plan verändert und etwas gestaltet hat.

Dieser Prozess ist selbst oft überhaupt nicht angenehm oder von glücklichen Momenten geprägt. Er ist sogar meistens ziemlich unangenehm, mühsam und anstrengend, man kämpft und leidet und geht durch dunkle Täler. Doch diese Zufriedenheit zu wissen, dass man etwas erschafft und danach auf sein eigenes Werk blickt, kann dauerhaft die Grundverfassung heben.

Es ist dieses Gefühl von Selbstbestimmung im Leben, das uns

langfristig zufrieden macht.[21] Ironischerweise sind wir also genau dann selbstbestimmt und damit auch zufrieden, wenn wir eben gerade *nicht* dem Glück hinterherjagen oder andauernd versuchen, aktiv glücklich zu sein.

Während Glück von vornherein ein recht krampfhaftes Ziel ist, auf das man sich fokussiert, ist Zufriedenheit so gesehen ein Nebenprodukt des autonomen Lebens. Die langfristige Lebenszufriedenheit ist auch das, was Aristoteles *eudaimonía* genannt hat. Und damit meinte er nicht einfach »Glück«, wie man oft liest, sondern ein erfülltes Leben, das im Großen und Ganzen gelingt. Eines, in dem man geistig tätig ist und sich nicht von körperlichen Genüssen oder von der Anerkennung anderer abhängig macht.[22] Ein zufriedenes Leben.

Das verbissene Streben nach Glück macht uns unzufrieden. Sowieso zeigt sich Glück meist nur in extremen, aber flüchtigen Ausschlägen, während Zufriedenheit immer weiter zunehmen und sogar ein dauerhafter Zustand sein kann. Viel besser also! Doch der tropfende Wasserhahn der Zufriedenheit klingt weniger aufregend als der rauschende Happiness-Wasserfall. Außer vielleicht für den amerikanischen Comedian Larry David. Er sagt: »Ich widerspreche jedem, der behauptet, das Wort ›glücklich‹ kam je über meine Lippen. Ich bin nicht, noch war ich jemals ›glücklich‹.«[23]

Die Zufriedenheitsforschung zeigt aber noch einen anderen spannenden Punkt. Die wesentlichen materiellen Umstände eines Lebens wie eine Wohnung, Gesundheitsversorgung oder ausreichendes Einkommen sind – wenig überraschend – eben doch wichtig, um zufrieden sein zu können. Das deckt sich dann auch mit der Beobachtung, dass etwa die Dänen ein so zufriedenes Volk sind, wobei alle denken, es läge an »Hygge«. Nein. Der stärkste Faktor sind die Umstände: in Dänemark ein hohes Pro-Kopf-Einkommen bei eher geringen Einkommensunterschieden und einem hohen sozialen Zusammenhalt.[24]

An diesen Umständen müssen wir aber gesellschaftlich und politisch arbeiten oder sie erstreiten. Wir bekommen diese Dinge nicht durch positives Umdenken wie »glücklich zu sein ist eine Entscheidung«. Meinem Kontostand ist meine Entscheidung zum Glück ziemlich schnuppe. Der Weg zur dauerhaften Einkommensverbesserung ist vielleicht kein glücklicher Weg. Aber er wird langfristig ganz nebenbei zufriedener machen.

Wenn wir selbstbestimmt nach unseren Vorstellungen leben, das Gefühl haben, Auswirkungen unserer Mühen zu sehen, aber dafür auch mit uns selbst kämpfen und eben nicht auf das Glück fokussieren, werden wir ganz nebenbei zufriedener sein. Žižek drückt das ähnlich aus: »Ich glaube, dass das einzig zufriedene Leben das Leben des ewigen Ringens ist, vor allem des Ringens mit sich selbst. Wenn du glücklich sein willst, bleib einfach blöd. Wahrhaftige Herren sind nie glücklich. Glück ist eine Kategorie für Knechte.«[25]

Zeit für Nein

»Wir sind zur Freiheit verurteilt«, sagt Sartre, der französische Existenzialist. Wir können selbst entscheiden, was wir tun und wie wir leben wollen, aber wir sind auch dazu gezwungen, in dieser Freiheit zu leben.[26] Nichts tun und abwarten ist nämlich auch eine Handlung. Jahrhundertelang haben die Menschen auf Gott gehofft und auf ein Leben nach dem Tod, in dem alles besser ist. Spätestens seit Nietzsche die bittere Wahrheit ausgesprochen hat, »Gott ist tot«[27], dämmert uns immer mehr, dass die Hoffnung auf ein Leben nach dem Tod eine große Selbsttäuschung war, die uns vom eigentlichen Leben abhält. Seit die Religion zunehmend als Erklärungsmodell der Welt verschwindet, begreifen wir immer mehr, dass wir nur ein Leben haben – und dafür auch verantwortlich sind.

Wie kann man dann authentisch leben? Auch das haben sich Sartre und die anderen Existenzialisten gefragt. Und eine wichtige Beobachtung war, nicht den Zwängen und Konventionen zu verfallen. Wer in seiner Rolle zu sehr aufgeht, verliert sich darin. Wie ein Kellner in einem Café, in dem Sartre saß, der zu einem mechanischen Menschen wird. Er erfüllt seinen Zweck, aber die Rolle bestimmt ihn. Er lebt dann kein selbstbestimmtes Leben mehr.[28] Nietzsche sagt sogar: »... wer von seinem Tage nicht zwei Drittel für sich hat, ist ein Sklave, sei er, wer er wolle: Staatsmann, Kaufmann, Beamter, Gelehrter.«[29]

»Unabhängigkeit und Selbstbestimmung erlangen wir nur, wenn wir Nein sagen. Das Neinsagen ist notwendig, um die eigene Integrität aufzubauen, also im Einklang mit seinen Überzeugungen zu leben, die wichtiger sind als alles andere«, sagt Brinkmann, der dänische Psychologe. So könne man sich eine kohärente Identität schaffen.[30] Und nichts anderes meint die Rede vom »authentischen Leben«. Brinkmann rät sogar, noch viel öfter seinen *No-Hat,* also den »Nein-Hut« aufzusetzen. Man solle üben, fünf Mal täglich »Nein« zu sagen, um unserer »Kultur des Jasagens« etwas entgegenzusetzen. Wir hätten Angst davor, »Nein« zu sagen, weil erstens heute alles auf Schnelllebigkeit, Mobilität, Agilität, Flexibilität ausgerichtet sei und weil das »Ja« einfach besser in den Fluss der Dinge passe als ein störendes Nein.[31] Zweitens würden wir alle an FOMO leiden, also *Fear Of Missing Out,* der Angst, etwas zu verpassen. Doch all das hält uns von unserem Seelenfrieden ab, dem höchsten Gut der Stoiker. Darum: »Nein« sagen für mehr inneren Frieden und Seelenruhe!

Der andere Grundsatz der Stoiker, »Memento mori«, ist ähnlich zu verstehen. Marc Aurel schreibt in seinen *Selbstbetrachtungen*: »Siehe denn also im Ganzen genommen das Menschliche jederzeit als etwas Flüchtiges und Wertloses an.«[32] Man könnte auch sagen, erinnere dich selbst täglich daran, dass du sterben wirst.

Gewöhne dich daran, dann wirst du das Leben besser wertschätzen können. Auch Seneca betonte, sich immer wieder bewusst zu machen, dass das Schicksal uns immer, zu jeder Zeit, alles nehmen kann; weshalb wir uns unsere Sterblichkeit immer vor Augen führen sollten.[33] (Wenn Sie Depressiver Realist, Melancholiker oder Pessimist sind, machen Sie das ja ohnehin die ganze Zeit.) Schon Sokrates war der Auffassung, dass Philosophie eine Vorbereitung auf den Tod darstellt: »Philosophieren heißt sterben lernen«, wie es heute manchmal zusammengefasst wird.[34] Man kann Sokrates so verstehen, dass einen das Nachdenken über das Leben und die Endlichkeit auf den Tod vorbereitet.[35] Aber es bereitet einen eigentlich auf alles vor. Michel de Montaigne brachte das später gut auf den Punkt: »Die Vorbereitung zum Tode ist die Vorbereitung zur Freiheit.«[36]

Nach Bataclan

Draußen fallen Schüsse. Ich schaue aus dem Fenster meiner kleinen Dachkammer in den Hinterhof, doch alles ist dunkel. Dann höre ich hektische Schritte im Treppenhaus. Was ist los? Ich verriegele die Tür von innen. Dann höre ich wieder Schüsse, diesmal sehr nah, unten auf der Straße. Stammen sie aus einem Maschinengewehr? Sie sind blechern, fallen schnell hintereinander, es klingt fast unecht. Das Geräusch kenne ich bisher nur aus Filmen.

Im Herbst 2015 habe ich für ein Semester in Paris studiert. Meine Dachkammer lag schräg gegenüber der Konzerthalle *Bataclan*, nur fünfzig Meter davon entfernt. Die Explosionen ein paar Minuten zuvor hielt ich für Feuerwerk oder Böller, in Berlin passiert das oft. Jetzt werde ich doch unruhig, kann es nicht glauben und suche im Netz: nichts. Dann, ganz langsam und zäh, tröpfeln die ersten Nachrichten ein, erst auf Französisch, dann auf Englisch. Die Tatsache, dass hier nebenan angeblich gerade dreißig Menschen im Café und auf der Straße erschossen wurden, sickert überhaupt nicht in mein Gehirn. Es werden immer mehr Opfer. Ich lese, dass in diesem Moment wenige Meter von mir entfernt Terroristen Menschen bei einem Konzert ermorden. Mir ist schlecht. Irgendwann höre ich zwei Detonationen, später weiß ich, dass das die Sprengstoffwesten der Attentäter waren. Hubschrauber kreisen tief über dem Haus – und ich bekomme Angst, erdrückend und automatisiert, wie bei einem Tier. Am nächsten Tag ist es gespenstisch still in Paris. Die Sonne scheint viel zu grell. Ich gehe nicht aus dem Haus, esse nicht, schlafe nicht. Hundertdreißig Menschen wurden getötet, einfach so, nur eine Straße weiter. Es übersteigt meine Vorstellungskraft völlig, krampfhaft versuche ich, mir klarzumachen, was passiert ist. Erst Tage später, am Tatort vor einem riesigen Blumenmeer stehend, kommt es an. Die Theorie von asymmetrischer Kriegsführung und Terrorismus war bisher nur der Schwerpunkt meines Studiums. Plötzlich war der Terror hier, nebenan, mitten im Leben.

Erst viele Monate später bemerke ich, wie mich diese existenzielle Erfahrung verändert hat. Sie ist wie eine neue, dunkle Tiefe, die sich durch das unfassbare Leid der anderen in mein Leben gefräst hat, ein tiefer Schnitt in die Haut. Es mag zynisch klingen, aber was passiert war, veränderte sogar das Verhältnis zu meinem eigenen Schmerz radikal und nachhaltig. Die intensive Flugangst war plötzlich weg, soziale Scheu und depressive Episoden, die mich mehrere Jahre begleitet hatten, wurden stark abgedämpft. Und das bis heute. Welche Mechanismen nun genau dafür verantwortlich waren, kann ich mir nicht genau erklären, aber es hat sich mit einem Mal der Rahmen der Dinge so drastisch verschoben. Heute ist diese Grenzerfahrung wie eine Narbe, die mich immer wieder schmerzhaft daran erinnert. Unsere Lebenszeit ist so unglaublich begrenzt. Unsere Existenz ist so fragil. Warum geben wir so vielen wahnsinnig unwichtigen Dingen Raum, etwa ob dieser eine Kollege uns leiden kann?

Genau aus dem Grund, weil unsere Lebenszeit nur dieses winzige Aufglühen ist und wir nur so wenig Zeit haben, verwundert es, dass die großen, schmerzhaften Themen der Menschheit so wenig Gewicht bekommen: Leid, Armut, Krieg, Ungerechtigkeit. Wir dürfen eben nicht denken, wie einige Optimisten sagen würden, »das ist mir zu viel negative Energie in meinem Leben«. Mal ehrlich, was soll denn sonst zählen?

Und klar, so zu denken ist auch Perspektivwechsel, aber er besteht nicht im falschen Umdeuten von Leid, wie es die Positive Psychologie tut. Sondern man setzt das Leben in Relation zu den wirklich furchtbaren und zu den relevanten Dingen, die wir vielleicht irgendwie ändern können. Sich mit Negativem zu beschäftigen kann dann sogar sehr gut sein, für alle Seiten. Man rückt sein eigenes Leid in Perspektive und beschäftigt sich mit der Beseitigung des Unheils. Die Fraktion, der das »zu viel Negativität« ist, ignoriert einfach das Unangenehme, indem sie die Augen davor verschließt. Dabei ist eine ganz neue Bewegung entstanden, die auf Teufel komm raus jede Negativität wie Unkraut komplett aus dem Leben entfernen will: »Das ist mir zu negativ, das muss ich nicht in meinem Leben haben!« (Deine Mutter ist mir zu negativ!)

Einige haben sogar aufgehört, Nachrichten zu schauen oder Zeitung zu lesen, weil ihnen diese Welt voller Leid einfach *too much* ist. Gut, wenn man sehr empfindsam ist, kann es wichtig sein, sich mal zu einem gewissen Grad abzugrenzen. Aber wirklich überhaupt nicht mehr über den Weltlauf informiert zu sein hat eine ganz neue Tragweite. Wie soll man so die künftigen Probleme unserer Zeit angehen, wenn sich der Einzelne verkriecht?

Wir brauchen viel mehr Akzeptanz für Negativität statt kuscheligen Neobiedermeier, bei dem man sich selbst Harmonie vorgaukelt, ins Private zurückzieht und einfach wartet, bis alles vorbei ist. Zum authentischen Leben gehört Negativität immer dazu. Die dunkle Seite der menschlichen Existenz ist wichtig. Sie macht uns autonom und selbstbestimmt. Die Dunkelheit bildet uns.

Ausblick (in die Dunkelheit)

> I am no nihilist.
> I am not even a cynic.
> I am, actually, rather romantic.
> And here's my idea of romance:
> You will soon be dead.
> Life will sometimes seem long and tough and, god, it's tiring.
> And you will sometimes be happy and sometimes sad.
> And then you'll be old.
> And then you'll be dead.
> *Tim Minchin*[1]

Nein oder Nichtsein

Sein oder Nichtsein, das ist hier die Frage ... dachten wir zumindest. Dabei lautet die eigentliche Frage doch: *Nein* oder Nichtsein. Schon Hamlet war mit einem falschen Dilemma konfrontiert. Was sollte er tun? Entweder sich dem Schicksal fügen, dem Zwang der Normen, und den Vater rächen? Oder sich das Leben nehmen und ewig schlafen? Dabei hätte Hamlet eine dritte Möglichkeit offen gestanden. Er hätte sich nämlich allen Zwängen verweigern können: »Nein« sagen und mit Ophelia nach Sardinien auswandern. Leider konnte Hamlet weder aus seiner Haut heraus noch aus seiner Rolle.

Wir sind auch zu oft in unserer Rolle gefangen. In der heutigen Zeit sind wir anderen, neuen Zwängen ausgeliefert, allen voran dem Zwang des Positiven. Wer dem nicht die Stirn bietet, der führt keine selbstbestimmte Existenz mehr, sondern macht sich selbst unfrei.

Ein Manifest des Nein

Wir leben in einer Kultur des Kommandos, die uns sagt: Du musst glücklich sein! Selbst das Duschbad und der Tee im Supermarkt fordern uns getreu der Kultur des Kommandos auf, voll guter Laune spritzig in den Tag zu starten. Glück ist zum Statussymbol geworden, daher wollen wir uns selbst und allen anderen ständig unser hohes Glückprestige zeigen, am besten mit Fotos vom Traumurlaub und der Traumhochzeit. Wir wollen überall das Beste herausholen und gleichzeitig unser echtes, wahres, wirkliches Selbst finden. Mithilfe von Therapeuten und Coaches ändern wir unser »Mindset«, um jede Niederlage als Chance zu begreifen und aus jedem Schnupfen etwas zu lernen. Doch man kann in unserer spätkapitalistischen Gesellschaft nicht alles schaffen, wenn man nur genug an sich glaubt.

Außerdem gibt es auch nicht »das wahre Selbst«. Je tiefer man in seine Seele hineinschaut, desto ferner schaut sie zurück und desto weniger begreift man, wer man überhaupt ist. Die Obsession mit unserem Innenleben macht uns alle zu seelischen Hypochondern und führt dazu, dass Menschen sich in ihre Neobiedermeier-Hygge-Kuscheligkeit zurückziehen, Tassenpudding löffeln und Blumenbilder mit Buntstiften ausmalen.

Der Terror des Positiven besteht in der Wahnvorstellung, dass Glück genauso wie die gesellschaftliche Position im Leben reine Einstellungssache ist. Das Glücksstreben passt darum zur neoliberalen Leistungsgesellschaft wie die Faust aufs Auge. Leid wird dabei genauso individualisiert und überpsychologisiert wie Erfolg; soziale Chancenungleichheit wird aber ausgeblendet. Wer obdachlos ist, hat nach dieser Logik selbst Schuld, und wer an Krebs stirbt, hat sich bloß nicht genug im Kampf gegen die Krankheit angestrengt. Das Stigma des Misserfolgs ist die dunkle Kehrseite des Glücksprestiges.

Die Ideologie des Positiven macht uns blind für die Macht der Umstände. Die lahme Floskel »Du kannst alles schaffen, wenn du es nur genug willst« überschätzt den Einfluss des Einzelnen und unterschlägt dabei das Politische. In der neoliberalen Weltsicht begreifen wir alles individuell. Arbeit wird zu einer Frage der Unternehmerschaft, Bildung zu einer Frage des Talents und Gesundheit zu einer Frage des Lebensstils. Unter dem Deckmantel des positiven Denkens werden Menschen mit ihrem Schicksal nicht nur alleingelassen, man hört ihnen auch gar nicht mehr zu.

Als die Menschen noch tiefreligiös waren, haben sie an die göttliche Fügung geglaubt. Heute, in der säkularen Leistungsgesellschaft, verehren wir das Goldene Kalb des anpassungswilligen Individuums. Nicht mehr nur die Wohlhabenden, sondern wir alle verlieren die Rolle gesellschaftlicher Umstände aus den Augen.

Das Schlimmste daran, wir haben die Konflikte nach innen verlagert. Wir kämpfen allein mit uns und steigern unsere Belastbarkeit, statt gemeinsam für einen besseren Tarifvertrag zu streiten.

Dabei kann man Glück genauso gut als eine psychische Störung begreifen. Menschen mit *Happiness Syndrome*, diesem Hochzustand aus starker Motivation und positiver Energie, leiden an kognitiven Defiziten. Sie sind irrational, überschätzen sich selbst, und sie können ihre Umwelt nicht realistisch beurteilen. Der Glückstaumel ist ein Ausnahmezustand, und am schlimmsten sind die Extremfälle: die Manie, die Verliebtheit und der Rausch. Je euphorischer Menschen sind, desto mehr neigen sie zu rücksichtslosem Egoismus. Im Glücksrausch sinkt sogar die Tötungshemmung. Menschen werden außerdem unkritisch mit der Welt. So, wie es schon bei Nirvana hieß: »I think I'm dumb, or maybe just happy.«[2] Oder noch schlimmer, in den Worten von Horkheimer und Adorno: Vergnügtsein heißt Einverstandensein.

Der Glücksterror nervt nicht nur, er macht auch alle irre, bindet die Kräfte und baut einen sinnlosen Erwartungsdruck auf. Er verlagert politische Probleme fälschlicherweise auf eine psychische Ebene und macht den Einzelnen für sein Schicksal komplett allein verantwortlich.

Positive Psychologen wollen alle negativen Gemütszustände eliminieren und übersehen dabei aber ihre wichtige Funktion. Schmerz ist ein wirkungsvoller Schutzmechanismus des Körpers, Wut wirkt als Initialzündung für gemeinschaftliche politische Handlungen, und Neid kann zum Kampf für Verteilungsgerechtigkeit führen. Negative Emotionen helfen uns beim Überleben und sind auch der Treibstoff der Zivilisation.

Wir sind besessen davon, für Niederlagen dankbar zu sein und an ihnen zu wachsen – doch man kann nicht aus jedem Schmerz etwas Produktives lernen. Aus dem Tod von Angehörigen erwächst keine Selbstverbesserung.

Statt das Scheitern zu vergolden und dazu noch um jeden Preis Komfort zu suchen, sollten wir Leid lieber als Teil der Existenz auffassen. Schimpfen lindert Schmerzen, ist befreiend und hilft, die Bürden des Lebens besser zu tragen. Wer zürnt und flucht, rebelliert gegen den Zwang, sich ständig zu verstellen. Schimpfen ist der feine Ausdruck gelebter Autonomie.

Die meisten Menschen unterliegen eigentlich einer dauerhaften rosaroten Selbsttäuschung, und die Glücklichen am allermeisten. Dabei sehen leicht bis mittelschwer Depressive die Welt nicht durch eine »dunkle Brille«, wie es oft heißt, sondern sie sehen die Welt so dunkel, wie sie wirklich ist. Sie denken kritischer und lassen sich weniger manipulieren. Pessimisten sterben nicht eher, und Depressionen sind keine Charakterschwäche. Außerdem ist es okay, nicht okay zu sein.

Der Glückliche lebt immer in der absoluten Gegenwart, sein Leben schrumpft auf einen Augenblick, im Narzissmus des Moments will er seine Euphorie ausdehnen und ist dabei eher egoistisch und unsozial. Der Depressive Realist sieht dagegen sein

ganzes Leben vor sich, er erkennt die Endlichkeit und die Unaus-
weichlichkeit, er denkt langfristig und will eher anderen helfen
und ein einigermaßen sinnvolles Leben führen – auch wenn er
ganz tief in sich weiß, dass das eigentlich nicht gelingen kann.
Die Traurigen und Melancholischen haben ein größeres Herz,
sind solidarischer mit anderen, und sie haben mehr Humor. Den
braucht man auch, denn am Ende sind wir alle tot.

Bis es so weit ist, erlangen wir Unabhängigkeit und Selbstbestimmung nur, wenn wir aufhören, andauernd nach Glück zu
streben und uns die Welt schönzureden.

Die große Selbsttäuschung

Wir leben in einer Welt des Komforts, der Wattierung, der
Schmerzvermeidung, der Ästhetisierung, der perfekten Ablenkung und Unterhaltung. Krieg und Leid verdrängen wir gerne.
Manchmal sind wir wie Kinder, die sich die Augen zuhalten und
sagen: »Ich bin gar nicht mehr da!«, wenn wir von der »dunklen
Seite« unserer Existenz eigentlich überhaupt nichts wissen wollen.

Genau diesen Drang bedient die *Positive Psychologie*. Ihr Kern-
gedanke ist eigentlich Selbstbetrug, oder anders ausgedrückt:
Reframing. Diese Methoden kennt man auch aus dem Coaching,
aber auch von Autohändlern, Immobilienmaklern, eigentlich von
allen, die einem irgendwas andrehen wollen. Die Bruchbude auf
dem schönen Grundstück kann man nur noch abreißen? »Char-
mantes Handwerkerobjekt mit unglaublichem Potenzial!« Urlaub
auf der Klapperpritsche im »Hotel« Princess Super Deluxe? »Rus-
tikales Ambiente mit authentischem Charme«! »Formfleisch« ist
eigentlich gepresster Schlachtabfall und die »humanitäre Inter-
vention« oft nichts anderes als ein völkerrechtswidriger Kriegs-
einsatz. Und wenn man in der Stellenanzeige liest: »Dynamisches
Unternehmen mit eingespielter Mannschaft bietet attraktives

Gehalt«, entpuppt sich das meist schnell als chaotischer Laden mit Old-Boys-Netzwerk, der Bezahlung knapp über der Schmerzgrenze bietet, das kommt gleich nach »Wir können das Praktikum nicht bezahlen, aber die Bananen sind gratis«.

Das Ding ist: Inzwischen durchschaut doch wirklich jeder diese Manöver. Und wenn diese alberne Schönfärberei schon im Alltag nicht klappt, wieso sollte man davon ausgehen, dass sie bei einem selbst funktioniert? Genauso wie wir uns keinen Staubsauger oder zig Wurzelbürsten an der Haustür andrehen lassen, sollten wir uns auch nicht selbst übers Ohr hauen.

Denn nein, es ist eben nicht alles nur eine Frage unserer Perspektive! Einige Dinge sind einfach schlecht, egal, wie man sie dreht und wendet. Die Positive Psychologie sagt: Wenn es dir schlecht geht, ändere deine Betrachtungsweise. Die *Philosophie des Nein* hingegen sagt: Ändere nicht andauernd dich, sondern lieber deine nervige Umwelt. Ihr Job ist blöd? Sie brauchen keine »neue Perspektive« auf Ihre Ausbeutung und schon gar nicht mehr Yoga. Statt sich das die ganze Zeit einzureden, kann man auch einen anderen Weg einschlagen: kündigen. Oder wie eine altägyptische Inschrift auf den Pyramiden von Gizeh sinngemäß sagt: »Bevor du dir selbst eine Depression diagnostizierst, stelle sicher, dass du nicht einfach nur von Arschlöchern umgeben bist.«

Der diskrete Charme der Verweigerung

Autonomie heißt immer auch, an den richtigen Stellen »Nein« zu sagen, gerade, wenn wir andauernd etwas wollen sollen. Sicher, wir können nicht den gesamten Rummel des Spätkapitalismus ignorieren, das wird zumindest extrem schwer. Aber wir müssen uns vom marktfreundlichen »Mindset ist alles«-Wahnsinn nicht weiter unterdrücken lassen. Wir können ihm einfach mittelmäßig gelaunt die kalte Schulter zeigen, autonom unser Ding machen und die Kämpfe auch wieder außerhalb von uns selbst suchen – um damit vom Zuviel an Psychologie zurück zur Politik zu kommen, vom Schrauben am eigenen »Mindset« zurück zu den materiellen Umständen, um die Dinge wieder gesellschaftlicher zu verstehen. Denn Menschen in Jobs unterhalb des Mindestlohns zu sagen: »Du musst nur lächeln, alles wird gut, haha!«, ist genauso sinnvoll, wie symbolisch für sie am Fenster zu klatschen. Stattdessen würde helfen, politische und soziale Probleme, die aus der Privatisierung, Auslagerung und aus dem großen neoliberalen »Jeder für sich«-Mantra entstehen, ernst zu nehmen und abzufedern. Und wenn jemand Leid auf großer Linie als »Eigenverantwortung« bagatellisiert oder uns davon überzeugen will, dass wir noch viel glücklicher sein könnten, spitzt man besser die Ohren. Denn die Obsession mit dem Glück ist politisch – und von ihr profitiert ein ganzer Zweig der Konsumindustrie.

Pessimismus des Verstandes, Optimismus des Willens

Was also tun? Ein Gegenvorschlag lautet: »Man muss nüchterne, geduldige Menschen schaffen, die nicht verzweifeln angesichts der schlimmsten Schrecken und sich nicht an jeder Dummheit begeistern. Pessimismus des Verstandes, Optimismus des Willens.«[3] Das schrieb der italienische Philosoph und Politiker Antonio Gramsci in den frühen 1930er-Jahren im Gefängnis in Mailand. Als Mitbegründer der Kommunistischen Partei Italiens war er von Mussolinis Schergen verhaftet worden. Von der Euphorie vieler seiner Landsleute für den italienischen Faschismus hat sich Gramsci nicht anstecken lassen, sondern ihn bis zuletzt vehement bekämpft. Zur Einzelhaft verurteilt, erkrankte er, der ohnehin an einer Verformung seiner Wirbelsäule litt, an Tuberkulose. Im Jahr 1932 hatte er eine schwere Hirnblutung, kurz darauf starb seine Mutter, später plagte ihn noch die Gicht.

Unter großen Schmerzen schrieb er seine Gedanken in zahlreiche *Gefängnishefte,* die heute zu den wichtigsten Werken der politischen Theorie des 20. Jahrhunderts zählen. Im Jahr 1937 starb Gramsci an den Folgen eines weiteren Hirnschlags. Er wurde nur 46 Jahre alt.

Gramsci wäre nicht im Traum darauf gekommen, seinen miserablen Zustand unter der Gewalt der Faschisten als »Chance« umzudeuten, wie es die Positive Psychologie empfiehlt. Er wusste, dass er absolut nichts an seiner Situation verbessern konnte, und doch war sein widerständiger Geist nicht gebrochen. Er schrieb. Als Intellektueller, so Gramsci, könne man nur Pessimist sein, aber in der Politik müsse man darauf setzen, die Umstände für die Menschen zu verbessern. Er schrieb übrigens, Optimismus sei oft nichts weiter als eine Verteidigung der eigenen Faulheit und Verantwortungslosigkeit.[4] Sein Antrieb war darum ein Optimismus des Willens, aber nicht des Verstandes: keine Selbsttäuschung, kein Glücksstreben, sondern ein nüchterner Pragmatismus mit dem Willen, die existierende Realität zu verändern.

Dafür kann die Philosophie des Nein mit ihrem Depressiven Realismus hilfreich sein. Denn die Zukunft wird voller Probleme sein. Wir stehen vor riesigen globalen Herausforderungen. Es wird anstrengend. Umso wichtiger ist es, nicht daran zu verzweifeln – und sich noch zusätzlich vom Terror des Positiven in den Wahnsinn des Überglücklich-sein-Müssens treiben zu lassen.

Natürlich brauchen wir auch Hoffnung, klar, aber eben keinen »abstumpfenden, tyrannischen, konformistischen, quasireligiösen Optimismus«[5], denn der macht alles nur viel schlimmer. Lieber ein Depressiver Realist, der sich mit seiner Endlichkeit beschäftigt und dafür ein bisschen solidarischer mit dem Leid anderer ist als ein »Good Vibes Only«- Spaßkasper, der damit allen auf den Senkel geht. Darum plädiere ich übrigens für mehr Joghurtbecher, auf denen steht: »Glück ist überbewertet! Ein Leben in Klarheit, Erkenntnis und Selbstbestimmung ist auch ganz gut.«

Ein klügerer Vorsatz als »Sei nicht so negativ!« scheint mir der

Versuch, die Negativität zu seinem Komplizen zu machen. Indem wir akzeptieren, dass Melancholie und eine negative Grundstimmung uns die Welt klarer sehen lassen. Wenn wir mit dem Schmerz und der Wut und sogar mit dem Tod leben und auch die düsteren weltpolitischen Themen unerschrocken und mürrisch aushalten. Und wenn wir durch die Akzeptanz der Dunkelheit zu einer radikalen Ehrlichkeit finden, um uns selbst überhaupt die Chance zu eröffnen: Will ich hier etwas ändern, oder will ich es so hinnehmen?

Zum Leben gehört Negativität immer dazu. Negatives ist der Motor der Geschichte. Den Fortschritt verdanken die Menschen den Unzufriedenen. Ohne *Nein* kann es keine Freiheit geben. In unserer *Kultur des Ja* ist das *Nein* eine wohltuende Entzauberung. Weil das *Nein* den berüschten Vorhang der Selbsttäuschung aufreißt und auch das dreckige Fenster ans Licht bringt. Und nur wer einen unerschrockenen, klaren Blick hat, kann seine Lebenszeit selbstbestimmt nutzen, nach den eigenen Überzeugungen. In anderen Worten: Nein – oder Nichtsein.

Was den heutigen Terror des Positiven betrifft, halte ich es wie der Schriftsteller Max Goldt mit Weihnachtsmärkten: Ich gehe »kühl lächelnd, geführt von ruhigem, friedlichem Desinteresse, seitlich an ihnen vorbei – und dank der guten baupolizeilichen Bestimmungen in Deutschland ist es ja möglich, seitlich an so ziemlich allem, was hässlich ist, vorbeizugehen«.[6] Der Zauber des Seitlich-dran-Vorbeigehens ist eine ganz besondere Kulturtechnik, die man sehr gut auf die Glücksobsession anwenden kann. Am besten, indem man sich dabei in aller Ruhe sagt: Ich möchte lieber nicht.

Ehrliche Danksagung

Ich hoffe, dieses Buch konnte ein bisschen Dunkel ins Licht bringen.

Die Entstehung war wie eine schmerzhafte Geburt, die eine unerklärlich lange Zeit gedauert hat. Ich habe ungefähr fünf Jahre gebraucht, um mich überhaupt zu diesem Buch aufzuraffen, und jetzt, da ich das Manuskript in den Händen halte, bin ich zwar etwas weniger unzufrieden, aber immer noch nicht glücklich. Während des Schreibprozesses war ich in einem so angespannten Zustand, dass ich meinem Mann sehr dankbar bin. Dafür, dass er die Scheidungspapiere nur mit Bleistift ausgefüllt, aber dann doch nicht eingereicht hat. Danke, Philipp. Du bist der Beste.

Ich danke meiner Mutter, meiner Schwester und meiner Großmutter für ihre Liebe und Rückendeckung und dafür, dass sie immer da sind. Nichts ist besser, als gemeinsam mit ihnen zu kvetchen.

Außerdem danke ich meiner Agentin Barbara Wenner, dass sie an das Buch geglaubt hat, dem Piper Verlag und besonders meiner Lektorin Charlyne Bieniek für ihren Scharfsinn und ihren schonungslosen Blick.

Weiterer Dank geht an *Nissin*-Instantsuppen Geschmacksrichtung Sesam im Namen aller Depressiven Realisten dafür, unzählige Male während der Entstehung dieses Buches mein klägliches Überleben gesichert zu haben.

Und natürlich danke ich allen, die am Feinschliff dieses Buches beteiligt waren: Lothar, Johannes, Julius, Anna, Dagmar, Claudia, Elisa, Verita, Sophia, Tilo, Shahak, Stefan, Andreas, Lea, Ella, meiner Familie und Grimm.

Literatur

Adorno, Theodor W. (1979): *Gesammelte Schriften 2,* Frankfurt am Main

Alloy, Lauren B. und Abramson, Lyn Y. (1979): »Judgment of Contingency in Depressed and Nondepressed Students: Sadder but Wiser?«, in: *Journal of Experimental Psychology: General* 108, 4: 441–485

Alter, Adam (2017): *Irresistible: The Rise of Addictive Technology and the Business of Keeping us Hooked,* New York

Aristoteles: *Metaphysik*

Aristoteles: *Nikomachische Ethik*

Aristoteles: *Poetik*

Bauman, Zygmunt (2007): *Flüchtige Zeiten,* Hamburg

Beck, Thomas et al. (2013): »Depressive sehen besser – der Einfluss der Stimmung auf das Erkennen emotionaler Gesichter«, in: *Zeitschrift für Psychosomatische Medizin und Psychotherapie* 59, 3: 247–253

Becke, Herbert und Fette, Gunter (2020): *Karl Valentin – Bildersprache,* München

Belmi, Peter et al. (2020): »The Social Advantage of Miscalibrated Individuals: The Relationship Between Social Class and Overconfidence and Its Implications for Class-Based Inequality«, in: *Journal of Personality and Social Psychology* 118, 2: 254–282

Bentall, Richard (1992): »A Proposal to Classify Happiness as a Psychiatric Disorder«, in: *Journal of Medical Ethics* 18: 94–98

Bernhard, Thomas (2016): *Städtebeschimpfungen* (herausgegeben von Raimund Fellinger), Frankfurt am Main

Bless, Herbert und Fiedler, Klaus (2006): »Mood and the Regulation of Information Processing and Behavior«, in: Forgas, Joseph P. (Hg.) (2006): *Affect in Social Thinking and Behavior,* New York, 65–84

Bodenhausen, Galen et al. (2011): »Affective Influences on Stereotyping and Intergroup Relations«, in: Forgas, Joseph P. (Hg.) (2011): *The Handbook of Affect and Social Cognition,* Mahwah (NJ), 319–344

Börnchen, Stefan (2021): *Alles ist eins. Romantische Metaphorologie des Mediums,* Paderborn

Brickman, Philip und Campbell, Donald T. (1971): »Hedonic Relativism and Planning the Good Society«, in: Apley, Mortimer H. (Hg.) (1971): *Adaptation Level Theory: A Symposium,* New York, S. 287–302

Brinkmann, Svend (2017): *Stand Firm. Resisting the Self-Improvement Craze,* Cambridge

Brown, Brené (2015): *Rising Strong: The Reckoning, the Rumble, the Revolution,* New York

Brown, Nicholas J. L. (2014): »A Critical Examination of the U. S. Army's Comprehensive Soldier Fitness Program«, in: *The Winnower* 1, 1

Brown, Nicholas J. L. und Rohrer, Julia M. (2020): »Easy as (Happiness) Pie? A Critical Evaluation of a Popular Model of the Determinants of Well-Being«, in: *Journal of Happiness Studies* 21: 1285–1301

Burrus, Christina (2021): *Frida Kahlo. Ich male meine eigene Wirklichkeit,* München

Buss, David (2000): *The Dangerous Passion. Why Jealousy Is as Necessary as Love and Sex,* New York

Butler, Judith (1990): *Gender Trouble: Feminism and the Subversion of Identity,* New York

Byrne, Rhonda (2006): *The Secret,* New York

Cabanas, Edgar und Illouz, Eva (2019): *Das Glücksdiktat und wie es unser Leben beherrscht,* Frankfurt am Main

Carlin, George (1997): *Brain Droppings,* New York

Carlin, George (2002): *Napalm & Silly Putty,* New York

Chomsky, Noam (1999): *Profit Over People: Neoliberalism and Global Order,* New York

Chuosavasdi, Thippapan (2018): *Anger in Buddhist Philosophy: In Defence of Eliminativism,* York

Cohen, Leonard (2001): *That Don't Make It Junk* aus dem Album *Ten New Songs*

Critchley, Simon (2010): *How To Stop Living And Start Worrying,* Cambridge

Crouch, Colin (2004): *Post-Democracy,* Oxford

Crouch, Colin (2011): *Das befremdliche Überleben des Neoliberalismus: Postdemokratie II,* Berlin

Damasio, Antonio (2017): *Im Anfang war das Gefühl. Der biologische Ursprung der menschlichen Kultur,* München

Danner, Deborah D. et al. (2001): »Findings from the Nun Study, University of Kentucky«, in: *Journal of Personality and Social Psychology* 80: 804–813

Devine, Megan (2017): *It's Okay not to Be Okay. Meeting Grief and Loss in a Culture That Doesn't Understand,* Louisville

Dobson, Keith und Franche, Renée-Louise (1989): »A Conceptual and Empirical Review of the Depressive Realism Hypothesis«, in: *Canadian Journal of Behavioural Science* 21: 419–433

Douglas, Karen et al. (2019): »Understanding Conspiracy Theories«, in: *Political Psychology* 40: 3–35

Eagleton, Terry (2016): *Hoffnungsvoll, aber nicht optimistisch,* Berlin

Ehrenreich, Barbara (2009a): *Bright-Sided: How the Relentless Promotion of Positive Thinking Has Undermined America,* New York

Ehrenreich, Barbara (2009b): *Smile or Die: How Positive Thinking Fooled America and the World,* London (englische Ausgabe von Ehrenreich (2009a))

Ehrenreich, Barbara (2010): *Smile or Die. Wie die Ideologie des positiven Denkens die Welt verdummt,* München (deutsche Ausgabe von Ehrenreich (2009a))

Ekman, Paul (2003): *Emotions Revealed,* New York

Epiktet: *Lehrgespräche*

Feltham, Colin (2017): *Depressive Realism. Interdisciplinary Perspectives,* London

Fiedler, Klaus et al. (1991): »Mood and Constructive Memory Effects on Social Judgment«, in: *Cognition & Emotion* 5: 363–378

Fivush, Robyn (2011): »The Development of Autobiographical Memory«, in: *Annual Review of Psychology* 62, 1: 559–582

Forgas, Joseph P. (2002): »Feeling and Doing: Affective Influences on Interpersonal Behavior«, in: *Psychological Inquiry* 13: 1–28

Forgas, Joseph P. (2011): »She Just Doesn't Look Like a Philosopher …? Affective Influences on the Halo Effect in Impression Formation«, in: *European Journal of Social Psychology* 41: 812–817

Forgas, Joseph P. und East, Rebekah (2008): »On Being Happy and Gullible: Mood Effects on Scepticism and the Detection of Deception«, in: *Journal of Experimental Social Psychology* 44, 5: 1362–1367

Foster Wallace, David (2009): *Unendlicher Spaß – Infinite Jest,* Köln

Francis-Tan, Andrew und Mialon, Hugo M. (2014): »›A Diamond is Forever‹ and Other Fairy Tales: The Relationship between Wedding

Expenses and Marriage Duration«, in: *Economic Inquiry* 53, 4: 1919–1930

Frazer, James (1890): *The Golden Bough,* London

Freitas, Donna (2017): *The Happiness Effect. How Social Media is Driving a Generation to Appear Perfect at any Cost,* Oxford

Freud, Sigmund (1930): *Das Unbehagen in der Kultur,* Frankfurt am Main

Friedman, Howard S. (2011): *The Longevity Project,* New York

Frijda, Nico H. (1986): *The Emotions,* Cambridge

Frisch, Max (1964): *Mein Name sei Gantenbein,* Berlin

Fukuyama, Francis (1992): *The End of History and the Last Man,* New York

Gilovich, Thomas (1991): *How We Know What Isn't So. The Fallibility of Human Reason in Everyday Life,* New York

Goethe, Johann Wolfgang von (1780): *Wandrers Nachtlied (»Über allen Gipfeln«)*

Goldstein, David und Kopin, Irwin (2007): »Evolution of Concepts of Stress«, in: *Stress* 10, 2: 109–120

Goldt, Max (2006): *Vom Zauber des seitlich dran Vorbeigehens,* Reinbek

Grahek, Nikola (2001): *Feeling Pain and Being in Pain,* Cambridge (MA)

Gramsci, Antonio (1929–1935): *Gefängnishefte* (hg. von Klaus Bochmann und Wolfgang Fritz Haug, Hamburg 2012)

Greene, Joshua (2013): *Moral Tribes. Emotion, Reason and the Gap Between Us and Them,* New York

Han, Byun-Chul (2020): *Palliativgesellschaft. Schmerz heute,* Berlin

Harvey, David (2012): *Kapitalismuskritik. Die urbanen Wurzeln der Finanzkrise. Den antikapitalistischen Übergang organisieren,* Hamburg

Hazlitt, William (1826): *The Plain Speaker: Opinions on Books, Men, and Things,* Band 1, New Burlington Street, S. 292 (zitiert nach *The Project Gutenberg EBook of The Collected Works of William Hazlitt,* Volume 7; eigene Übersetzung)

Heinz, Andreas (2014): *Der Begriff der psychischen Krankheit,* Frankfurt am Main

Held, Barbara S. (1997): »The Importance of Kvetching in Theory, Research and Practice«, in: *Psychotherapy in Private Practice* 16, 2: 19–27

Held, Barbara S. (2001): *Stop Smiling, Start Kvetching: A 5-Step Guide to Creative Complaining,* New York

Helweg-Larsen, Marie et al. (2002): »The Stigma of Being Pessimistically biased«, in: *Journal of Social and Clinical Psychology* 21, 1: 92–107

Heston, Leonard L. und Heston, Renate (1980): *The Medical Casebook of Adolf Hitler: His Illnesses, Doctors, and Drugs,* New York

Hinz, Sigrid (1974): *Caspar David Friedrich in Briefen und Bekenntnissen,* München

Horkheimer, Max und Adorno, Theodor W. (1944): *Dialektik der Aufklärung* (zitiert nach der Ausgabe von 1969), Frankfurt am Main

Horswill, Mark S. et al. (2004): »Drivers' Ratings of Different Components of Their Own Driving Skill: A Greater Illusion of Superiority for Skills That Relate to Accident Involvement«, in: *Journal of Applied Social Psychology* 34: 177–195

Hübl, Philipp (2015): *Der Untergrund des Denkens. Eine Philosophie des Unbewussten,* Reinbek

Illouz, Eva (1997): *Consuming the Romantic Utopia Love and the Cultural Contradictions of Capitalism,* Berkeley

Jarosinski, Eric (2015): *Nein. Ein Manifest,* Berlin

Johnson, Marcia. K. und Raye, Carol L. (1998): »False Memories and Confabulation«, in: *Trends in Cognitive Sciences* 2, 4: 137–145

Kahneman, Daniel (2011): *Thinking, Fast and Slow,* New York

Kant, Immanuel (1784): »Beantwortung der Frage: Was ist Aufklärung?«, in: *Berlinische Monatsschrift* H. 12: 481–494

Knausgård, Karl Ove (2011): *Sterben,* München

Kübler-Ross, Elisabeth (1969): *On Death and Dying,* London

Lakner, Christoph und Milanovic, Branko (2013): »Global Income Distribution: From the Fall of the Berlin Wall to the Great Recession«, in: *Policy Research Working Paper* 6719, World Bank, Washington, D. C.

Lazarus, Richard S. (1991): *Emotion and Adaptation,* New York

Lee, Lewina O. et al. (2019): »Optimism Is Associated with Exceptional Longevity in 2 Epidemiologic Cohorts of Men and Women«, in: *PNAS* 116, 37: 18357–18362

Lloyd, Albert L. (1988): *Etymologisches Wörterbuch des Althochdeutschen,* Band 5, Göttingen

Marazziti, Donatella et al. (2021): »The Science of Love: State of the Art«, in: Calzà, Laura (Hg.) (2021): *Recent Advances in NGF and Related Molecules. Advances in Experimental Medicine and Biology,* (Vol. 1331), Cham

Marc Aurel: *Selbstbetrachtungen*

Marx, Karl (1859): *Kritik der politischen Ökonomie* (zitiert nach MEW 13)

Marx, Karl (1932): *Deutsche Ideologie* (zitiert nach MEW 3)

Marx, Karl und Engels, Friedrich (1845): *Deutsche Ideologie,* zitiert nach der Gesamtausgabe, Vierte Abteilung, Band 3, Berlin 1998

Mau, Steffen (2017): *Das metrische Wir. Über die Quantifizierung des Sozialen,* Frankfurt am Main

Mau, Steffen (2019): *Lütten Klein. Leben in der ostdeutschen Transformationsgesellschaft,* Frankfurt am Main

Mau, Steffen et al. (2020): »Die drei Arenen der neuen Ungleichheitskonflikte. Eine sozialstrukturelle Positionsbestimmung der Einstellungen zu Umverteilung, Migration und sexueller Diversität«, in: *Berliner Journal für Soziologie* 30: 317–346

Melville, Herman (1853): *Bartleby, the Scrivener*

Merz, Friedrich (2004): *Nur wer sich ändert, wird bestehen. Vom Ende der Wohlstandsillusion – Kursbestimmung für unsere Zukunft,* Freiburg

Meshi, Dar et al. (2013): »Nucleus Accumbens Response to Gains in Reputation for the Self relative to Gains for Others Predicts Social Media Use«, in: *Frontiers in Human Neurosience* 7, 439

Mill, John Stuart (1863): *Der Utilitarismus* (übersetzt und eingeleitet von Manfred Kühn, Ausgabe 2009), Hamburg

Montaigne, Michel de: *Essais* (übersetzt von Friedrich Lankischens Erben)

Moore, Michael T. und Fresco, David M. (2012): »Depressive Realism: A Meta-analytic Review«, in: *Clinical Psychology Review* 32, 6: 496–509

Muthukrishna, Michael et al. (2018): »Overconfidence is Universal? Elicitation of Genuine Overconfidence (EGO) Procedure Reveals Systematic Differences Across Domain, Task Knowledge, and Incentives in Four Populations«, in: *PLOS ONE* 13, 8

Myers, David G. (2004): *Intuition. Its Powers and Perils,* New Haven (CT)

Nietzsche, Friedrich (1878): *Menschliches, Allzumenschliches*

Nietzsche, Friedrich (1882): *Die fröhliche Wissenschaft* (zitiert nach der Kritischen Studienausgabe)

Nietzsche, Friedrich (1886): *Jenseits von Gut und Böse*

Nietzsche, Friedrich (1887): *Zur Genealogie der Moral*

Nietzsche, Friedrich (1889): *Nietzsche contra Wagner,* Epilog, 1

Nordheim, Odas und Martinussen, Pål (2020): »Happiness and the Role of Social Protection: How Types of Social Spending Affected Individuals' Life Satisfaction in OECD Countries, 1980–2012«, in: *Journal of International and Comparative Social Policy* 36, 1: 1–24

O'Brien, Jodi (Hg.) (2008): *Encyclopedia of Gender and Society,* Thousand Oaks

Ohler, Norman (2015): *Der totale Rausch. Drogen im Dritten Reich,* Köln (zitiert nach dem E-Book)

Oreskes, Naomi und Convey, Erik M. (2010): *Merchants of Doubt. How a Handful of Scientists Obscured the Truth on Issues from Tobacco Smoke to Global Warming,* London

Ottomeyer, Hans (2006): *Biedermeier: Die Erfindung der Einfachheit,* Berlin

Philipp, Michael und Lombardo, Laura (2017): »Hurt Feelings and Four Letter Words: Swearing Alleviates the Pain of Social Distress«, in: *European Journal of Social Psychology* 47, 4: 517–523

Platon: *Die Apologie des Sokrates*

Platon: *Phaidon*

Platon: *Politeia*

Polderman, Tinca J. C. et al. (2005): »Fifty Years of Twin Studies: A Meta-Analysis of the Heritability of Human Traits«, in: *Nature Genetics* 47, 7: 702–709

Prenzky, Marc (2001): »Digital Natives, Digital Immigrants«, in: *On the Horizon (NCB University Press):* 9, 5

Reckwitz, Andreas (2017): *Die Gesellschaft der Singularitäten,* Frankfurt am Main

Rothstein, Hannah R. et al. (Hg.) (2005): *Publication Bias in Meta-analysis: Prevention, Assessment and Adjustments,* Hoboken (NJ)

Röttger-Rössler, Birgitt (2006): »Kulturen der Liebe«, in: Röttger-Rössler, Birgitt und Engelen, Eva-Maria (Hg.) (2006): »*Tell me About Love*« – *Kultur und Natur der Liebe,* Paderborn

Sandel, Michael (2020): *The Tyranny of Merit: What's Become of the Common Good?,* New York

Sartre, Jean Paul (1943): *L'être et le néant. Essai d'ontologie phénoménologique* (zitiert nach Sartre, Jean-Paul (1993): *Das Sein und das Nichts.* Reinbek, 10. Auflage)

Schiller, Friedrich (1793): »Vom Erhabenen« in: *Sämtliche Werke, Band V, Philosophische Schriften, Vermischte Schriften,* Stuttgart

Schreiber, Juliane Marie (2018): *Bilder als Waffen. Die Ästhetisierung der neuen Kriege,* Baden-Baden

Schröder, Martin (2020): *Wann sind wir wirklich zufrieden? Überraschende Erkenntnisse zu Arbeit, Liebe, Kindern, Geld,* München

Seligman, Martin (1991): *Learned Optimism: How to Change Your Mind and Your Life,* New York

Seligman, Martin (1991): *Pessimisten küsst man nicht. Optimismus kann man lernen,* München

Seligman, Martin (2002): *Authentic Happiness. Using the New Positive Psychology to Realize Your Potential for Lasting Fulfillment,* New York

Seligman, Martin (2003): *Glücksfaktor: Warum Optimisten länger leben,* Köln

Seligman, Martin (2015): *Wie wir aufblühen. Die fünf Säulen des persönlichen Wohlbefindens,* München

Seneca: *Briefe an Lucilius über Ethik (Epistulae Morales ad Lucilium,* zitiert nach der Übersetzung von Manfred Rosenbach, Darmstadt 1984)

Seneca: *Über die Vorsehung (De Providentia,* zitiert nach der Übersetzung von Manfred Rosenbach, Darmstadt 1980)

Shakespeare, William (1597): *Romeo und Julia* (Übersetzung von August Wilhelm Schlegel)

Sharot, Tali (2011): »The Optimism Bias«, in: *Current Biology* 21, 23: 941–945

Singal, Jesse (2021): *The Quick Fix. Why Fad Psychology Cannot Cure Our Social Ills,* New York

Stephens, Richard (2015): *Black Sheep: The Hidden Benefits of Being Bad,* London

Stephens, Richard et al. (2009): »Swearing as a Response to Pain«, in: *NeuroReport* 5, 2, 20,12

Stevenson, Ola (1981): »Are We all Less Risky and More Skillfull than Our Fellow Drivers?«, in: *Acta Psychologica* 47: 143–158

Streeck, Wolfgang (2013): *Gekaufte Zeit,* Berlin

Sznycer, Daniel et al. (2017): »Support for Redistribution is Shaped by Emotion«, in: *PNAS* 114, 31: 8420–8425

Tan, Hui Bing und Forgas, Joseph P. (2010): »When Happiness Makes us Selfish, but Sadness Makes us Fair: Affective Influences on Interpersonal Strategies in the Dictator Game«, in: *Journal of Experimental Social Psychology* 46: 571–576

Taureck, Bernhard H. F. (2004): *Philosophieren: Sterben lernen?,* Frankfurt

Tennov, Dorothy (1979): *Love and Limerence,* Maryland

Tocqueville, Alexis de (1840): *Democracy in America,* London

Weber, Max (1904): »Die protestantische Ethik und der ›Geist‹ des Kapitalismus«, in: *Archiv für Sozialwissenschaft und Sozialpolitik 20*

Welzig, Werner (Hg.) (2008): *Schimpfwörterbuch zu der von Karl Kraus 1899 bis 1936 herausgegebenen Zeitschrift Die Fackel,* Wien

Williams, Mark G. et al. (1988): *Cognitive Psychology and Emotional Disorders,* London

Wittgenstein, Ludwig (1953): *Philosophische Untersuchungen,* Frankfurt am Main

Žižek, Slavoj (1997): *The Plague of our Fantasies,* New York

Žižek, Slavoj (2006): *The Parallax View,* Cambridge

Zuckerman, Marvin (1979): *Sensation Seeking: Beyond the Optimal Level of Arousal,* Hillsdale

Internetquellen

Letzter Aufruf aller Internetquellen: 11. November 2021

Anmerkungen

Teil 1

1 Vgl. Seligman, Martin (2003): *Glücksfaktor: Warum Optimisten länger leben,* Köln, S. 214. Seligman betont zwar immer wieder, seine Forschung sei nur deskriptiv und nicht präskriptiv, also beschreibend statt vorschreibend, allerdings wird sehr deutlich, was seine Handlungsempfehlung ist.

Der Terror des Positiven

1 Adorno, Theodor W. im Interview: »Keine Angst vorm Elfenbeinturm« (*Der Spiegel* 19/1969)

2 Reckwitz, Andreas (2017): *Die Gesellschaft der Singularitäten,* Frankfurt am Main

3 Adorno, Theodor W. (1979): *Gesammelte Schriften 2,* Frankfurt am Main, S. 10

4 Vgl. Bauman, Zygmunt (2007): *Flüchtige Zeiten,* Hamburg

5 Illouz, Eva (1997): *Consuming the Romantic Utopia Love and the Cultural Contradictions of Capitalism,* Berkeley

6 Vgl. ebd.

7 Das typisch deutsche Hochzeitskleid: https://www.hochzeit.com/das-typisch-deutsche-brautkleid-form-farbe-und-preis/

8 O'Brien, Jodi (Hg.) (2008): *Encyclopedia of Gender and Society,* Thousand Oaks, S. 40 f.

9 Butler, Judith (1990): *Gender Trouble: Feminism and the Subversion of Identity.* New York

10 Martha Nussbaum entgegnet Butlers Ansätzen allerdings folgendermaßen: »The great tragedy in the new feminist theory in America is the loss of a sense of public commitment … Hungry women are not fed by this, battered women are not sheltered by it, raped women do not find justice in it, gays and lesbians do not achieve

legal protections through it.«: https://newrepublic.com/article/150687/professor-parody

11 Jenna Karvunidis im *Guardian:* https://www.theguardian.com/life-andstyle/2020/jun/29/jenna-karvunidis-i-started-gender-reveal-party-trend-regret

12 Ebd.

13 https://edition.cnn.com/2020/09/08/us/el-dorado-fire-gender-reveal-update-trnd/index.html

14 https://edition.cnn.com/2018/11/27/us/arizona-gender-reveal-party-sawmill-wildfire-trnd/index.html

15 https://www.stuttgarter-zeitung.de/inhalt.gender-reveal-partys-wenn-das-geschlecht-des-babys-zum-event-wird.020d21f3-d3ac-4b9f-8b0c-fa5feb350472.html

16 https://edition.cnn.com/2019/11/08/us/gender-reveal-plane-crash-trnd/index.html

17 Francis-Tan, Andrew und Mialon, Hugo M. (2014): »›A Diamond is Forever‹ and Other Fairy Tales: The Relationship between Wedding Expenses and Marriage Duration«, in: *Economic Inquiry* 53, 4: 1919–1930

18 Wittgenstein, Ludwig (1953): *Philosophische Untersuchungen.* Frankfurt am Main, § 38

19 Vgl.: *www.happify.com*

20 Ebd.

Scheitern als Chance

1 Knausgård, Karl Ove (2011): *Sterben,* München, S. 307

2 Ehrenreich, Barbara (2010): *Smile or Die. Wie die Ideologie des positiven Denkens die Welt verdummt,* München, S. 44

3 Nach einer repräsentativen Umfrage des Krebsinformationsdienstes des Deutschen Krebsforschungszentrums (DKFZ): https://www.dkfz.de/de/presse/pressemitteilungen/2017/dkfz-pm-17-43-Psychische-Faktoren-als-Ursache-fuer-Krebs.php

4 So der Psychoonkologe Imad Maatouk vom Universitätsklinikum Heidelberg im *Spiegel:* https://www.spiegel.de/gesundheit/diagnose/positives-denken-kann-krebs-nicht-heilen-a-1189546.html

5 Epiktet, *Lehrgespräche* 2.5.4 f.: »Die wesentliche Aufgabe im Leben besteht darin, die Dinge zu erkennen und voneinander zu unterscheiden, um mir klarmachen zu können, über welche äußeren

Umstände ich keine Macht habe und welche von Entscheidungen abhängen, die in meiner Macht stehen.«

6 Seligman, Martin (1991): *Learned Optimism: How to Change Your Mind and Your Life*, New York

7 Ehrenreich, Barbara (2009): *Bright-Sided: How the Relentless Promotion of Positive Thinking Has Undermined America*, New York

8 Ebd., S 149 f.

9 Vgl. https://www.faz.net/aktuell/politik/inland/bildungsministerin-stark-watzinger-ueber-digitalisierung-an-schulen-17678492.html.

10 https://www.stern.de/panorama/das-wasser-in-venedigs-kanaelen-ist-wieder-kristallklar-9186042.html

11 Spätkapitalismus ist hier vor allem als Zustand der Widersprüchlichkeit des aktuellen kapitalistischen Wirtschaftssystems gemeint, siehe Annie Lowrey: https://www.theatlantic.com/business/archive/2017/05/late-capitalism/524943/

12 https://unternehmer.de/news/248395-corona-krise-als-chance-nutzen

13 Cabanas, Edgar und Illouz, Eva (2019): *Das Glücksdiktat und wie es unser Leben beherrscht*, Frankfurt am Main, S. 196

14 Das Originalzitat lautet »Es ist nicht das Bewußtsein der Menschen, das ihr Sein, sondern umgekehrt ihr gesellschaftliches Sein, das ihr Bewußtsein bestimmt.« Marx, Karl (1859): *Kritik der politischen Ökonomie*, Vorwort, zitiert nach MEW 13, S. 9

15 Marx schrieb dazu: »Die Produktion der Ideen, Vorstellungen, des Bewußtseins ist zunächst unmittelbar verflochten in die materielle Tätigkeit und den materiellen Verkehr der Menschen, Sprache des wirklichen Lebens.« Marx, Karl (1932): *Deutsche Ideologie*, zitiert nach MEW 3, 26 f.

Wir inszenieren uns zu Tode

1 Die Figur Mr Peanutbutter in der Serie *BoJack Horseman*, Season 1, Episode 12

2 Vgl. Cabanas, Illouz (2019): S. 47 f.

3 Ottomeyer, Hans (2006): *Biedermeier: Die Erfindung der Einfachheit*, Berlin

4 https://www.gujmedia.de/print/portfolio/flow/auflagereichweite/

5 Seit etwa 2017, siehe Google Trends: https://trends.google.de/trends/explore?date=all&geo=DE&q=Hygge

6   Prenzky, Marc (2001): »Digital Natives, Digital Immigrants«, in: *On the Horizon (NCB University Press)*: 9, 5

7   Freitas, Donna (2017): *The Happiness Effect. How Social Media is Driving a Generation to Appear Perfect at any Cost*, Oxford

8   Ebd., S. 77

9   Ehrenreich, Barbara (2009): *Smile or Die: How Positive Thinking Fooled America and the World*, London

10 Frazer, James (1890): *The Golden Bough*, London

11 Byrne, Rhonda (2006): *The Secret*, New York

12 Richard Wender, Chief Cancer Control Officer of the American Cancer Society: https://abcnews.go.com/Nightline/story?id= 2975835&page=1

13 Vgl. Mau, Steffen (2017): *Das metrische Wir. Über die Quantifizierung des Sozialen*, Frankfurt am Main

14 Alter, Adam (2017): *Irresistible: The Rise of Addictive Technology and the Business of Keeping us Hooked*, New York

15 Meshi, Dar et al. (2013): »Nucleus Accumbens Response to Gains in Reputation for the Self relative to Gains for Others Predicts Social Media Use«, in: *Frontiers in Human Neurosience* 7, 439

16 Weber, Max (1904): »Die protestantische Ethik und der ›Geist‹ des Kapitalismus«, in: *Archiv für Sozialwissenschaft und Sozialpolitik* 20

17 Žižek, Slavoj (1997): *The Plague of our Fantasies*, New York, S. 229 f.

18 Reckwitz, Andreas (2017): *Die Gesellschaft der Singularitäten*, Frankfurt am Main, S. 209 f.

19 Platon: *Politeia*

20 Börnchen, Stefan (2021): *Alles ist eins. Romantische Metaphorologie des Mediums*, Paderborn

21 Zuckerman, Marvin (1979): *Sensation Seeking: Beyond the Optimal Level of Arousal*, Hillsdale

22 Schiller, Friedrich (1793): »Vom Erhabenen«, in: *Sämtliche Werke, Band V, Philosophische Schriften, Vermischte Schriften*, Stuttgart, S.166 f.

**Nein, du kannst nicht alles schaffen,
wenn du genug an dich glaubst**

1   Die Figur BoJack Horseman in der Serie *BoJack Horseman*, Season 1, Episode 1

2 https://taz.de/Frueherer-Obdachloser-zu-Friedrich-Merz/!5552775/
3 Merz, Friedrich (2004): *Nur wer sich ändert, wird bestehen. Vom Ende der Wohlstandsillusion – Kursbestimmung für unsere Zukunft,* Freiburg
4 Sandel, Michael (2020): *The Tyranny of Merit: What's Become of the Common Good?,* New York
5 https://www.manager-magazin.de/unternehmen/karriere/ceos-verdienen-300-mal-so-viel-wie-arbeiter-a-1041409.html
6 OECD 2018: https://www.oecd.org/social/broken-elevator-how-to-promote-social-mobility-9789264301085-en.htm
7 Mau, Steffen et al. (2020): »Die drei Arenen der neuen Ungleich-heitskonflikte. Eine sozialstrukturelle Positionsbestimmung der Einstellungen zu Umverteilung, Migration und sexueller Diversi-tät«, in: *Berliner Journal für Soziologie* 30: 317–346
8 Siehe zum Beispiel Belmi, Peter et al. (2020): »The Social Advan-tage of Miscalibrated Individuals: The Relationship Between Social Class and Overconfidence and Its Implications for Class-Based Inequality«, in: *Journal of Personality and Social Psychology: Inter-personal Relations and Group Processes* 118, 2: 254–282
9 Horkheimer und Adorno zufolge geht die Verachtung für Arme sogar so weit, dass sie für einige »verdächtig« gelten; sie beziehen sich dabei allerdings auf die Darstellung im Film, siehe Horkhei-mer, Max und Adorno, Theodor W. (1944): *Dialektik der Aufklä-rung,* Frankfurt am Main (zitiert nach der Ausgabe von 1969), S. 157
10 Seligman, Martin (2002): *Authentic Happiness. Using the New Posi-tive Psychology to Realize Your Potential for Lasting Fulfillment,* New York
11 Polderman, Tinca J. C. et al. (2005): »Fifty Years of Twin Studies: A Meta-Analysis of the Heritability of Human Traits«, in: *Nature Genetics* 47, 7: 702–709
12 Schröder, Martin (2020): *Wann sind wir wirklich zufrieden? Über-raschende Erkenntnisse zu Arbeit, Liebe, Kindern, Geld,* München
13 Brown, Nicholas J. L. und Rohrer, Julia M (2020): »Easy as (Happi-ness) Pie? A Critical Evaluation of a Popular Model of the Deter-minants of Well-Being«, in: *Journal of Happiness Studies* 21: 1285–1301

14 Cabanas, Illouz (2019), S. 74, über Ehrenreich, Barbara (2010), S. 197

15 Einer der Hauptsponsoren war die ultrakonservative und religiöse John Templeton Foundation, siehe Cabanas, Illouz (2019), S. 30 f. Die John Templeton Foundation finanzierte auch libertär-rechte Organisationen in UK mit mehreren Millionen: https://www.the guardian.com/politics/2019/nov/29/the-us-donors-who-gave-generously-to-rightwing-uk-groups

16 Unter anderem Gallup Organization, Mayerson Foundation, Annenberg Foundation Trust, Atlantic Philanthropies, Robert Wood Johnson Foundation, National Institute of Aging und viele mehr, siehe Cabanas, Illouz (2019), S. 31

17 Vgl. ebd., S. 31 f. Diese Verbindung sagt natürlich nicht, dass Coca-Cola direkten Einfluss auf die Forschung genommen hat, aber in der Wissenschaft sind Spenden von privaten Unternehmen immer problematisch, weil nicht sicher ausgeschlossen werden kann, dass die Forscher sich direkt oder unbewusst von Interessen der Geldgeber beeinflussen lassen. Einer der größten bekannten Skandale war Grand Tobacco, siehe Oreskes, Naomi und Convey, Erik M. (2010): *Merchants of Doubt. How a Handful of Scientists Obscured the Truth on Issues from Tobacco Smoke to Global Warming,* London

18 https://positive psychology.com/harvard-positive-psychology-course-1504/

19 https://www.salon.com/2010/10/14/army_contract_seligman/

20 Nur noch in Bhutan ist der Glücksbegriff in der Verfassung, allerdings nicht »das Streben nach«, sondern ein »Grundrecht auf Glück«: https://www.sueddeutsche.de/wirtschaft/bhutan-glueck-fuer-die-welt-1.1323930

21 Außerdem hätten die Kulturprodukte selbst nur noch Warencharakter und seien nicht mehr »authentisch«. Alles sei ähnlich, vorhersehbar und vermarktbar: »Kultur schlägt heute alles mit Ähnlichkeit«, siehe Horkheimer, Max und Adorno, Theodor W. (1944): *Dialektik der Aufklärung,* Frankfurt am Main (zitiert nach der Ausgabe von 1969), S. 128 f.

22 Ebd., S. 153

23 Vgl. »the most dangerous man in America«, behauptet Alain de Botton von *The School of Life:* https://www.theschooloflife.com/thebookoflife/the-great-philosophers-theodor-adorno/

24 https://www.faz.net/aktuell/karriere-hochschule/buero-co/kinder-wollen-lieber-youtuber-werden-als-astronaut-16294669.html

25 Der Sozialstaat in der Corona-Pandemie hat sich tatsächlich kurz mal blicken lassen, hier wurden, neben der Lufthansa-Rettung, auch viele Lohnausfälle aufgefangen und abgefedert. Ob das allerdings eine langfristige Rückkehr ist, bleibt fraglich.

26 Crouch, Colin (2011): *Das befremdliche Überleben des Neoliberalismus: Postdemokratie II,* Berlin

27 David Harvey spricht sogar von einer Ideologie, die auf der Vorstellung beruhe, nur freie Märkte, freier Handel, persönliche Initiative und Unternehmertum seien die besten Garanten für individuelle Freiheit – doch diese Idee gleiche immer mehr einem »Kostüm« und sehe in der Praxis anders aus; siehe Harvey, David (2012): *Kapitalismuskritik. Die urbanen Wurzeln der Finanzkrise. Den antikapitalistischen Übergang organisieren,* Hamburg

28 Chomsky, Noam (1999): *Profit Over People: Neoliberalism and Global Order,* New York

29 Dass sich westliche Staaten immer mehr in Richtung »Postdemokratie« bewegen, stellte Crouch schon im Jahr 2000 fest. Formell seien es zwar Demokratien, jedoch werden die wichtigen Entscheidungen zunehmend von einer kleinen Elite anstatt von der Bevölkerung getroffen, siehe Colin Crouch (2004): *Post-Democracy,* Oxford

30 Obwohl politische Apathie heute in Deutschland seltener ist als in Großbritannien um das Jahr 2000 herum, man denke an die Fridays-For-Future-Bewegung.

31 Credit Suisse Global Wealth Report 2017: https://www.credit-suisse.com/about-us-news/de/articles/news-and-expertise/global-wealth-report-2017-201711.html

32 Lakner, Christoph und Milanovic, Branko (2013): »Global Income Distribution: From the Fall of the Berlin Wall to the Great Recession«, in: *Policy Research Working Paper* 6719, World Bank, Washington, D. C.

33 Lösungen seien eine progressive Besteuerung, Verhinderung von Steuerflucht und Geldwäsche sowie ein besserer Zugang zu Bildung für alle: https://www.zeit.de/wirtschaft/2017-12/ungleichheit-privatisierung-thomas-piketty-studie

34 https://www.spiegel.de/politik/deutschland/berater-vertraege-struck-in-der-klemme-a-279356.html

35 https://www.tagesspiegel.de/politik/berateraffaere-der-bundes-wehr-wuetende-offiziere-millionen-fuer-mckinsey-und-ein-unschuldslamm/25540248.html

36 Chomskys Vortrag »The State-Corporate Complex: A Threat to Freedom and Survival« vom 7. April 2011 an der Universität von Toronto: https://chomsky.info/20110407-2/

37 Der Soziologe Wolfgang Streeck spricht hierbei sogar von einer »neoliberalen Umerziehung der Bürger«, siehe Streeck, Wolfgang (2013): *Gekaufte Zeit*, Berlin, S. 96

38 Vgl. Cabanas, Illouz (2019), S. 66 f.

39 Deutsches Institut für Altersvorsorge: https://www.dia-vorsorge.de/fokus/dia-studien/31-billionen-euro-werden-bis-2024-in-deutschland-vererbt/

40 Für einen Überblick siehe Mau, Steffen (2019): *Lütten Klein. Leben in der ostdeutschen Transformationsgesellschaft*, Frankfurt am Main

41 42,7 Prozent aller Personen in alleinerziehenden Haushalten waren im Jahr 2019 armutsgefährdet. 90 Prozent davon sind Frauen. Die durchschnittliche Armutsquote liegt inzwischen bei 15,9 Prozent, dem höchsten Wert seit der Wiedervereinigung: https://www.bpb.de/nachschlagen/zahlen-und-fakten/soziale-situation-in-deutschland/61785/armutsgefaehrdung

42 Im Jahr 2019 waren es 2,8 Millionen: https://www.zeit.de/gesellschaft/2020-12/kinderarmut-deutschland-anstieg-kinder-jugendliche

43 Von 29 europäischen Ländern war Deutschland 2012 nur auf Platz 15, vgl. Unicef-Studie: https://www.unicef.de/informieren/aktuelles/presse/2012/vergleichsstudie-kinderarmut/19308

44 Die Wirksamkeit von Glückstagebüchern ist etwas umstritten. Manchmal werden sie als Teil einer leitlininengerechten Therapie verordnet, in bestimmten Fällen können sie aber sicher hilfreich sein.

45 Cabanas, Illouz (2019), S. 65 f.

46 In der Serie *BoJack Horseman*, Season 4, Episode 4

47 Singal, Jesse (2021): *The Quick Fix. Why Fad Psychology Cannot Cure Our Social Ills*, New York, S. 88 f.

48 Siehe ICD-11, 6B40: »Complex posttraumatic stress disorder (Complex PTSD) is a disorder that may develop following exposure to an event or series of events of an extremely threatening or horri-

fic nature, most commonly prolonged or repetitive events from which escape is difficult or impossible (e. g. torture, slavery, genocide campaigns, prolonged domestic violence, repeated childhood sexual or physical abuse).«: https://icd.who.int/browse11/l-m/en

49 Schreiber, Juliane Marie (2018): *Bilder als Waffen. Die Ästhetisierung der neuen Kriege*, Baden-Baden

50 Brown, Nicholas J. L. (2014): »A Critical Examination of the U. S. Army's Comprehensive Soldier Fitness Program«, in: *The Winnower* 1, 1

51 Singal (2021)

52 usatoday.com/story/news/nation/2015/04/16/army-survey-morale/24897455/

53 Singal (2021)

Coaching – Der Abgrund blickt zurück

1 https://www.theguardian.com/lifeandstyle/2008/aug/09/slavoj.zizek

2 Brinkmann, Svend (2017): *Stand Firm. Resisting the Self-Improvement Craze*, Cambridge, S. 76

3 www.instagram.com/der_businesslion

4 Ein Beispiel findet sich hier: https://www.männerpuls.de

5 Der durchschnittliche Stundenlohn für freie Coaches in der Wirtschaft lag bereits im Jahr 2013 bei etwa 187 € pro Stunde: https://www.spiegel.de/karriere/karriereziel-coach-meist-bleibt-coaching-ein-nebenjob-a-928744.html und https://www.faz.net/aktuell/karriere-hochschule/buero-co/coaching-von-managern-fuehrungskraeftetrainerin-im-interview-13568628.html

6 So zum Beispiel Uwe Kanning, Professor für Wirtschaftspsychologe in Osnabrück: https://www.wiwo.de/erfolg/management/psychologe-ueber-coachings-ich-habe-viele-unsinnige-sachen-gesehen/26126980.html

7 Vgl. Seligman, Martin (2015): *Wie wir aufblühen. Die fünf Säulen des persönlichen Wohlbefindens,* München

8 Aristoteles: *Metaphysik* IX, 8

9 Fivush, Robyn (2011): »The Development of Autobiographical Memory«, in: *Annual Review of Psychology* 62, 1: 559–582

10 Johnson, Marcia. K. und Raye, Carol L. (1998): »False Memories and Confabulation«, in: *Trends in Cognitive Sciences* 2, 4: 137–145

11 Frisch, Max (1964): *Mein Name sei Gantenbein,* Berlin

12 Vgl. Hübl, Philipp (2015): *Der Untergrund des Denkens. Eine Philosophie des Unbewussten,* Reinbek

13 Cabanas, Edgar und Illouz, Eva (2019): *Das Glücksdiktat und wie es unser Leben beherrscht,* Frankfurt am Main, S. 19

14 Slavoj Žižek auf YouTube: https://www.youtube.com/watch?v=G2Cjd6H6RmY

15 Nietzsche, Friedrich (1886): *Jenseits von Gut und Böse,* Viertes Hauptstück, 146

16 Nietzsche, Friedrich (1887): *Zur Genealogie der Moral,* Vorrede, Nr. 1

17 https://www.vice.com/de/article/7bqg34/der-ruf-der-leere

18 Vgl. Douglas, Karen et al. (2019): »Understanding Conspiracy Theories«, in: *Political Psychology* 40: 3–35

19 Kahneman, Daniel (2011): *Thinking, Fast and Slow,* New York, S. 99 f.

20 Cohen, Leonard (2001): *That Don't Make It Junk* aus dem Album *Ten New Songs*

21 Vgl. Cabanas, Illouz (2019), S. 162

22 Benannt nach Alexis de Tocqueville in Tocqueville, Alexis de (1840): *Democracy in America*, London, S. 272 f.

Glück als psychische Störung

1 https://www.esquire.com/entertainment/movies/a5955/larry-david-interview-0709/

2 Bentall (1992): »A Proposal to Classify Happiness as a Psychiatric Disorder«, in: *Journal of Medical Ethics* 18: 94–98

3 Ebd., S. 97

4 S. ICD 11, 6A25.3, auffindbar unter: https://icd.who.int/browse11/l-m/en#/http%3a%2f%2fid.who.int%2ficd%2fentity%2f342760401

5 Heinz, Andreas (2014): *Der Begriff der psychischen Krankheit,* Frankfurt am Main

6 Bentall (1992), S. 95

7 Shakespeare, William (1597): *Romeo und Julia* (Übersetzung von August Wilhelm Schlegel), zweiter Aufzug, zweite Szene

8 Holger Kuntze: https://www.tagesanzeiger.ch/leben/gesellschaft/liebe-ist-langweiliger-als-wir-denken/story/12150822

9   Vgl. Marazziti, Donatella et al. (2021): »The Science of Love: State of the Art«, in: Calzà, Laura (Hg.) (2021) *Recent Advances in NGF and Related Molecules. Advances in Experimental Medicine and Biology,* (Vol. 1331), Cham

10 Ebd., S. 251

11 Vgl. Röttger-Rössler, Birgitt (2006): »Kulturen der Liebe«, in: Röttger-Rössler, Birgitt und Engelen, Eva-Maria (Hg.) (2006): *»Tell me About Love«* – *Kultur und Natur der Liebe,* Paderborn

12 Tennov, Dorothy (1979): *Love and Limerence,* Maryland, S. 147 f.

13 Zum Beispiel die berühmten »Trolley Cases«, siehe Greene, Joshua (2013): *Moral Tribes. Emotion, Reason and the Gap Between Us and Them,* New York

14 Ohler, Norman (2015): *Der totale Rausch. Drogen im Dritten Reich,* Köln (zitiert nach dem E-Book), S. 148

15 Ebd., S. 38

16 https://www.mdr.de/zeitreise/pervitin-soldaten-krieg-droge-hitler-deutsches-reich100.html

17 Ohler (2015), S. 80

18 Ebd., S. 118

19 Ebd., S. 77

20 Ebd., S. 95

21 https://methoide.fcm.arizona.edu/infocenter/index.cfm?stid=164

22 Heston, Leonard L. und Heston, Renate (1980): *The Medical Casebook of Adolf Hitler: His Illnesses, Doctors, and Drugs,* New York

23 https://www.heise.de/tp/features/US-Kampfpiloten-auf-Speed-3426235.html

24 Seit 2012 soll auch das illegal sein. Seitdem ist offiziell nur noch das Mittel »Modafinil« als *go pill* erlaubt, siehe Air Force Special Operations Command Instructions (2012): Aeromedical Special Operations, 1.7.4

25 Bentall (1992)

Ein Leben ohne Schmerz ist möglich, aber sinnlos

1   Burrus, Christina (2021): *Frida Kahlo. Ich male meine eigene Wirklichkeit,* München

2   https://www.zeit.de/2014/05/leben-ohne-schmerz-genmutation

3   Han, Byun-Chul (2020): *Palliativgesellschaft. Schmerz heute,* Berlin, S. 32 f.

4   Grahek, Nikola (2001): *Feeling Pain and Being in Pain,* Cambridge (MA)

5   Lazarus, Richard S. (1991): *Emotion and Adaptation,* New York

6   Buss, David (2000): *The Dangerous Passion. Why Jealousy Is as Necessary as Love and Sex,* New York

7   Damasio, Antonio (2017): *Im Anfang war das Gefühl. Der biologische Ursprung der menschlichen Kultur,* München

8   Frijda, Nico H. (1986): *The Emotions,* Cambridge, S. 207

9   Forscher gehen aber davon aus, dass Bestattungen sogar noch früher stattgefunden haben: https://www.zeit.de/2021/19/bestattungs-kultur-archaeologie-graeber-kenia-grabstaette-kind

10 Devine, Megan (2017): *It's Okay not to Be Okay. Meeting Grief and Loss in a Culture That Doesn't Understand,* Louisville, S. 85 f.

11 Kübler-Ross, Elisabeth (1969): *On Death and Dying,* London

12 Brown, Brené (2015): *Rising Strong: The Reckoning, the Rumble, the Revolution,* New York

13 Byun-Chul (2020), S. 9

14 Ebd.

15 https://www.tagesschau.de/ausland/opioid-krise-usa-101.html

16 https://www.tagesschau.de/ausland/usa-justizministerium-walmart-klage-101.html

17 Seneca: *Briefe über Ethik an Lucilius* (*Epistulae Morales ad Lucilium,* zitiert nach der Übersetzung von Manfred Rosenbaum, Darmstadt 1984)

18 Aristoteles: *Poetik, 6.1449b24*

19 Seneca: *Über die Vorsehung* IV, 1 (*De Providentia,* zitiert nach der Übersetzung von Manfred Rosenbach, Darmstadt 1980)

Schöner schimpfen

1   Stephens, Richard et al. (2009): »Swearing as a Response to Pain«, in: *NeuroReport* 5, 2, 20,12. Die Autoren haben 2010 dafür den sogenannten »Ig-Nobelpreis« erhalten, der für Forschung vergeben wird, die einen zuerst zum Lachen und dann zum Nachdenken bringt: https://www.improbable.com/2016/09/22/ig-nobel-prize-winning-swearing-research-wins-best-science-book-prize/

2   Philipp, Michael und Lombardo, Laura (2017): »Hurt Feelings and Four Letter Words: Swearing Alleviates the Pain of Social Distress«, in: *European Journal of Social Psychology* 47, 4: 517–523

3 Goldstein, David und Kopin, Irwin (2007): »Evolution of Concepts of Stress«, in: *Stress* 10, 2: 109–120

4 Vgl.: *www.planecrushinfo.com*

5 Stephens et al. (2009)

6 Stephens, Richard (2015): *Black Sheep: The Hidden Benefits of Being Bad,* London, S. 87

7 https://www.tuev-nord-group.com/de/newsroom/news/details/article/warum-so-viele-menschen-im-auto-fluchen/

8 Stephens (2015)

9 Held, Barbara S. (2001): *Stop Smiling, Start Kvetching: A 5-Step Guide to Creative Complaining,* New York

10 Lloyd, Albert L. (1988): *Etymologisches Wörterbuch des Althochdeutschen,* Band 5, Göttingen, S. 661

11 Held, Barbara S. (1997): »The Importance of Kvetching in Theory, Research and Practice«, in: *Psychotherapy in Private Practice* 16, 2: 19–27 (eigene Übersetzung), S. 24

12 Ebd.

13 Aristoteles: *Poetik*

14 https://www.spiegel.de/reise/staedte/wien-laut-studie-die-stadt-mit-der-hoechsten-lebensqualitaet-a-1199015.html

15 https://de.wikipedia.org/wiki/Grantler

16 Welzig, Werner (Hg.) (2008): *Schimpfwörterbuch zu der von Karl Kraus 1899 bis 1936 herausgegebenen Zeitschrift Die Fackel,* Wien

17 Bernhard, Thomas (2016): *Städtebeschimpfungen* (herausgegeben von Raimund Fellinger), Frankfurt am Main

18 Ebd.

19 https://www.faz.net/aktuell/feuilleton/proust-und-die-medizin-sein-leiden-fuehrte-ihm-die-feder-11744225.html?printPagedArticle=true#pageIndex_2

20 Freud, Sigmund (1930): *Das Unbehagen in der Kultur,* Frankfurt am Main

21 Nietzsche, Friedrich (1882): *Die fröhliche Wissenschaft,* Band 6 S. 436 (zitiert nach der Kritischen Studienausgabe): »Und was mein langes Siechtum angeht, verdanke ich ihm nicht unsäglich viel mehr als meiner Gesundheit? Ich verdanke ihm eine *höhere* Gesundheit, eine solche, welche stärker wird von allem, was sie nicht umbringt! – *Ich verdanke ihm auch meine Philosophie…* Erst der große Schmerz ist der letzte Befreier des Geistes, als der Lehr-

meister des *großen Verdachts,* der aus jedem U ein X macht, ein echtes rechtes X, das heißt den *vorletzten* Buchstaben vor dem letzten...«

22 Nietzsche, Friedrich (1889): *Nietzsche contra Wagner,* Epilog, 1

23 Die schon oft besungen wurde, zum Beispiel von Don McLean 1971: »Starry, starry night/paint your palette blue and gray/Look out on a summer's day/With eyes that know the darkness in my soul.«

Depressiver Realismus

1 Goethe, Johann Wolfgang (1780): *Wandrers Nachtlied (»Über allen Gipfeln«)*

2 Sharot, Tali (2011): »The Optimism Bias«, in: *Current Biology* 21, 23: 941–945

3 Gilovich, Thomas (1991): *How We Know What Isn't So. The Fallibility of Human Reason in Everyday Life,* New York, S. 77; siehe auch Myers, David G. (2004): *Intuition. Its Powers and Perils,* New Haven (CT), S 84f.

4 Stevenson, Ola (1981): »Are We all Less Risky and More Skillfull than Our Fellow Drivers?«, in: *Acta Psychologica* 47: 143–158

5 Horswill, Mark S. et al. (2004): »Drivers' Ratings of Different Components of Their Own Driving Skill: A Greater Illusion of Superiority for Skills That Relate to Accident Involvement«, in: *Journal of Applied Social Psychology* 34: 177–195

6 Muthukrishna, Michael et al. (2018): »Overconfidence is Universal? Elicitation of Genuine Overconfidence (EGO) Procedure Reveals Systematic Differences Across Domain, Task Knowledge, and Incentives in Four Populations«, in: *PLOS ONE* 13, 8

7 Alloy, Lauren B. und Abramson, Lyn Y. (1979): »Judgment of Contingency in Depressed and Nondepressed Students: Sadder but Wiser?«, in: *Journal of Experimental Psychology: General* 108, 4: 441–485. Die Forschung ist wie viele Themen aus der Psychologie bis heute umstritten, eine große Meta-Analyse über 75 einschlägige Studien mit über 7000 Probanden legt aber nahe, dass es insgesamt einen messbaren Effekt des Depressiven Realismus gibt, siehe Moore, Michael T. und Fresco, David M. (2012): »Depressive Realism: A Meta-analytic Review«, in: *Clinical Psychology Review* 32, 6: 496–509

8 Alloy, Abramson (1979)

9 Feltham, Colin (2017): *Depressive Realism. Interdisciplinary Perspectives*, London; siehe auch Feltham im Interview: https://www.vice.com/en/article/8x9j3k/depressed-people-see-the-world-more-realistically

10 Forgas, Joseph P. (2011): »She Just Doesn't Look Like a Philosopher …? Affective Influences on the Halo Effect in Impression Formation«, in: *European Journal of Social Psychology* 41: 812–817; siehe auch Fiedler, Klaus et al. (1991): »Mood and Constructive Memory Effects on Social Judgment«, in: *Cognition & Emotion* 5: 363–378

11 Forgas, Joseph P. und East, Rebekah (2008): »On Being Happy and Gullible: Mood Effects on Scepticism and the Detection of Deception«, in: *Journal of Experimental Social Psychology* 44, 5: 1362–1367

12 Beck, Thomas et al. (2013): »Depressive sehen besser – der Einfluss der Stimmung auf das Erkennen emotionaler Gesichter«, in: *Zeitschrift für Psychosomatische Medizin und Psychotherapie* 59, 3: 247–253

13 Dobson, Keith und Franche, Renée-Louise (1989): »A Conceptual and Empirical Review of the Depressive Realism Hypothesis«, in: *Canadian Journal of Behavioural Science* 21: 419–433

14 Bless, Herbert und Fiedler, Klaus (2006): »Mood and the Regulation of Information Processing and Behavior« in: Forgas, Joseph P. (Hg.): *Affect in Social Thinking and Behavior,* New York, S. 65–84

15 Bodenhausen, Galen et al. (2011): »Affective Influences on Stereotyping and Intergroup Relations« in: Forgas, Josphe P. (Hg.) (2011): *The Handbook of Affect and Social Cognition,* Mahwah (NJ), 319–344, S. 337

16 Bentall, Richard (1992): »A Proposal to Classify Happiness as a Psychiatric Disorder«, in: *Journal of Medical Ethics* 18: 94–98, S. 96 f.

17 Ebd., S. 97; siehe auch Williams, Mark G. et al (1988): *Cognitive Psychology and Emotional Disorders,* London

18 Sharot (2011)

19 Ebd.

20 Carlin, George (1997): *Brain Droppings,* New York, S. 89, eigene Übersetzung

21 Brinkmann, Svend (2017): *Stand Firm. Resisting the Self-Improvement Craze,* Cambridge, S. 52 f.

22 Helweg-Larsen, Marie et al. (2002): »The Stigma of Being Pessimistically biased«, in: *Journal of Social and Clinical Psychology* 21, 1: 92–107

23 Brinkmann, Svend (2017): *Stand Firm. Resisting the Self-Improvement Craze,* Cambridge, S. 55: »Virtually all political outrages are commited by high powered males, confident that they know the truth.«

24 Lynch, Robert F. und Trivers, Robert L. (2012): »Self-deception Inhibits Laughter«, in: *Personality and Individual Differences* 53, 4: 491–495

25 Ebd.

26 Immanuel Kant (1784): »Beantwortung der Frage: Was ist Aufklärung?«, in: *Berlinische Monatsschrift* H. 12: 481–494

27 Brinkmann (2017), S. 53 f.

28 Critchley, Simon (2010): *How To Stop Living And Start Worrying,* Cambridge

29 Ebd., S. 34

30 Auch die Politik der Sozialen Marktwirtschaft durch Ludwig Erhard beförderte den wirtschaftlichen Aufschwung.

31 Fukuyama, Francis (1992): *The End of History and the Last Man,* New York

32 https://www.tagesspiegel.de/wirtschaft/studie-soziale-ungleichheit-waechst-weltweit/20710928.html

33 Der wird immer wieder unterlaufen, siehe: https://www.deutsch landfunk.de/wenn-arbeitgeber-tricksen-der-mindestlohn-wird-ausgehoehlt.862.de.html?dram:article_id=407555. Und das trotz eines Etats des Bundesministeriums für Arbeit und Soziales, der mit fast 165 Milliarden der größte Einzeletat im Haushalt ist.

34 https://aeon.co/essays/the-voice-of-sadness-is-censored-as-sick-what-if-its-sane

35 The Beach Boys (1971): *Til I Die* aus dem Album *Surf's Up*

36 The Beach Boys (1966): *I Just Wasn't Made For These Times* auf dem Album *Pet Sounds*

37 John Stuart Mill (1863): *Der Utilitarismus* (übersetzt und eingeleitet von Manfred Kühn, Ausgabe 2009), Hamburg

Pessimisten leben länger – leider

1 Sigrid Hinz (1974): *Caspar David Friedrich in Briefen und Bekennt-nissen*, München, S. 82

2 Seligman, Martin (1991): *Pessimisten küsst man nicht. Optimismus kann man lernen,* München

3 Seligman, Martin (2003): *Glücksfaktor: Warum Optimisten länger leben,* Köln, S. 283

4 Seligman, Martin (2002): *Authentic Happiness. Using the New Posi-tive Psychology to Realize Your Potential for Lasting Fulfillment,* New York

5 Siehe die Nonnenstudie von Danner, Deborah D. et al. (2001): »Findings from the Nun Study, University of Kentucky«, in: *Jour-nal of Personality and Social Psychology* 80: 804–813

6 Seligman (2002), S. 40: »When you combine all this with Aspinwall's findings that happy people seek out and absorb more health risk information, it adds up to an unambiguous picture of happiness as a prolonger of life and improver of health.«

7 Ehrenreich, Barbara (2009): *Bright-Sided: How Positive Thinking Is Undermining America,* London, S. 341: »A 2002 New York Times article cited two studies linking optimism to longevity–and four studies tracing longevity to such other traits as ›conscientiousness‹, calmness, pessimism, and even cantankerousness. Yet the article was headlined.«

8 Rothstein, Hannah R. et al. (Hg.) (2005): *Publication Bias in Meta-analysis: Prevention, Assessment and Adjustments.* Hoboken (NJ)

9 https://www.bbc.com/news/health-49447685; https://www.spiegel. de/gesundheit/psychologie/optimisten-leben-laenger-neue-studie-a-1283748.html

10 Lee, Lewina O. et al. (2019): »Optimism Is Associated with Excep-tional Longevity in 2 Epidemiologic Cohorts of Men and Women«, in: *PNAS* 116, 37: 18357–18362, S. 18360f.

11 Siehe Tyler Vige: https://www.tylervigen.com/spurious-correlations

12 Natürlich könnte sich die Korrelation am Ende als Kausalität herausstellen und Optimismus vielleicht tatsächlich das Leben ver-längern. Aber eindeutig sind die Daten bisher nicht.

13 Friedman, Howard S. (2011): *The Longevity Project,* New York

14 Tan, Hui Bing und Forgas, Joseph P. (2010): »When Happiness Makes us Selfish, but Sadness Makes us Fair: Affective Influences

on Interpersonal Strategies in the Dictator Game«, in: *Journal of Experimental Social Psychology* 46: 571–576

15 In diesem Fall hat man diese Gruppe kurz zuvor durch Filme in eine traurige Stimmung versetzt, hinterher wurde sie zusätzlich befragt und in entsprechende Gruppen eingeteilt.

16 Tan, Hui Bing und Forgas, Joseph P. (2010): »When Happiness Makes us Selfish, but Sadness Makes us Fair: Affective Influences on Interpersonal Strategies in the Dictator Game«, in: *Journal of Experimental Social Psychology* 46: 571–576

17 Ebd.

18 https://de.statista.com/infografik/8596/spendenvolumen-und-spendenzwecke-in-deutschland/

19 Forgas, Joseph (2002): »Feeling and Doing: Affective Influences on Interpersonal Behavior«, in: *Psychological Inquiry* 13: 1–28

20 Ebd.

21 https://www.zeit.de/2012/28/C-Coach

22 Die »Thesen über Feuerbach« in Marx, Karl und Engels, Friedrich (1845): *Deutsche Ideologie,* zitiert nach der Gesamtausgabe, Vierte Abteilung, Band 3, Berlin 1998, S. 490

23 Marx schreibt, die »offene Empörung ausgebeuteter Massen« wirke dann als revolutionärer Auslöser.

24 Cabanas, Edgar und Illouz, Eva (2019): *Das Glücksdiktat und wie es unser Leben beherrscht,* Frankfurt am Main, S. 184. Sie geht sogar so weit zu behaupten, dass auch Hass hier wichtig ist. Dem würde ich widersprechen. Während Wut wichtig ist und verändern will, möchte Hass eher zerstören.

25 Ekman, Paul (2003): *Emotions Revealed,* New York

26 Ebd.

27 Chuosavasdi, Thippapan (2018): *Anger in Buddhist Philosophy: In Defence of Eliminativism,* York

28 Cabanas, Illouz (2019), S. 207

29 Im Dialog »On Envy«, siehe Hazlitt, William (1826): *The Plain Speaker: Opinions on Books, Men, and Things,* Band 1, New Burlington Street, S. 292 (zitiert nach *The Project Gutenberg EBook of The Collected Works of William Hazlitt,* Volume 7; eigene Übersetzung)

30 https://www.tagesspiegel.de/gesellschaft/panorama/susanne-klatten-und-stefan-quandt-die-bmw-erben-sind-die-reichsten-deutschen/23147996.html

31 Sznycer, Daniel et al. (2017): »Support for Redistribution is Shaped by Emotion«, in: *PNAS* 114, 31: 8420–8425
32 Nordheim, Odas und Martinussen, Pål (2020): »Happiness and the Role of Social Protection: How Types of Social Spending Affected Individuals' Life Satisfaction in OECD Countries, 1980–2012«, in: *Journal of International and Comparative Social Policy* 36, 1: 1–24
33 https://www.zdf.de/nachrichten/wirtschaft/corona-diw-steuerer-hoehungen-unvermeidbar-100.html

Die Autonomie des Nein

1 Jarosinski, Eric (2015): *Nein. Ein Manifest*, Berlin, S. 45, S. 35, S. 11 f.
2 Melville, Herman (1853): *Bartleby, the Scrivener*, New York
3 Ebd.
4 https://www.theatlantic.com/politics/archive/2012/04/occupy-wall-streets-debt-to-melville/256482/
5 Vgl. Žižek in der *Sternstunde Philosophie*: https://www.youtube.com/watch?v=Zm5tpQp6sT4
6 Žižek, Slavoj (2006): *The Parallax View*, Cambridge
7 Ebd.
8 Ebd.
9 Ebd., S. 381 f.
10 https://magazin.spiegel.de/SP/2016/51/148564978/
11 Nietzsche, Friedrich (1882): *Die fröhliche Wissenschaft*, 4. Buch, S. 162 (zitiert nach der Kritischen Studienausgabe)
12 Gerry Driscoll, Pförtner der Abbey Road Studios auf dem Album von Pink Floyd (1973): *The Dark Side of the Moon*, Song: *Eclipse*
13 Foster Wallace, David (2009): *Unendlicher Spaß – Infinite Jest*, Köln, S. 997
14 Becke, Herbert und Fette, Gunter (2020): *Karl Valentin – Bildersprache*, München
15 Žižek im Interview: https://bigthink.com/articles/why-be-happy-when-you-could-be-creative/; https://www.youtube.com/watch?v=U88jj6PSD7w
16 Vgl. *Das erste Gossensche Gesetz* (auch *Sättigungsgesetz*)
17 Schröder, Martin (2020): *Wann sind wir wirklich zufrieden? Überraschende Erkenntnisse zu Arbeit, Liebe, Kindern, Geld*, München, S. 82 f.

18 Ebd., S. 254 f.

19 Žižek im *Guardian* im Jahr 2014: »What makes us happy is not to get what we want. But to dream about it. Happiness is for opportunists. So I think that the only life of deep satisfaction is a life of eternal struggle, especially struggle with oneself. If you want to remain happy, just remain stupid. Authentic masters are never happy; happiness is a category of slaves.«: https://www.theguardian.com/books/live/2014/oct/06/slavoj-zizek-webchat-absolute-recoil?page=with:block-5435390fe4b055589a2e7d6a

20 Brickman, Philip und Campbell, Donald T. (1971): »Hedonic Relativism and Planning the Good Society« in Apley, Mortimer H. (Hg.) (1971), in: *Adaptation Level Theory: A Symposium,* New York, S. 287–302

21 Schröder (2020)

22 Aristoteles: *Nikomachischen Ethik,* Kapitel 2 f.

23 https://www.vulture.com/2007/09/larry_david_just_a_miserable_l.html

24 So ist zum Beispiel der Gini-Koeffizient in Dänemark im weltweiten Vergleich sehr niedrig, er liegt laut Weltbank bei etwa 0,28: Das bedeutet, das Einkommen ist ziemlich gleich verteilt (https://data.worldbank.org/indicator/SI.POV.GINI/). Der Gini-Koeffizient gibt den Grad der Gleich- oder Ungleichverteilung an. Er liegt zwischen den Werten 0 (vollständige Gleichverteilung in einem Land) und 1 (eine Person besitzt alles, alle anderen nichts).

25 Žižeks Begriffe orientieren sich an Hegels »Herr« und »Knecht«. Man könnte sie auch durch die Begriffe »Freie« und »Unterdrückte« ersetzen.

26 Sartre, Jean Paul (1943): *L'être et le néant. Essai d'ontologie phénoménologique* (zitiert nach Sartre, Jean-Paul (1993): *Das Sein und das Nichts.* Reinbek, 10. Auflage, S. 764)

27 »Gott ist tot! Gott bleibt tot! Und wir haben ihn getötet!«, in: Nietzsche, Friedrich (1882): *Die fröhliche Wissenschaft,* 3. Buch, Aphorismus 125 »Der Tolle Mensch«

28 Sartre (1943), S. 140 f.

29 »Alle Menschen zerfallen, wie zu allen Zeiten so auch jetzt noch, in Sclaven und Freie; denn wer von seinem Tage nicht zwei Drittel für sich hat, ist ein Sclave, er sei übrigens, wer er wolle: Staatsmann,

Kaufmann, Beamter, Gelehrter.«, in: Nietzsche, Friedrich (1878): *Menschliches, Allzumenschliches,* I: § 283

30 Brinkmann, Svend (2017): *Stand Firm. Resisting the Self-Improvement Craze,* Cambridge, S. 46 f.

31 Ebd.

32 Marc Aurel: *Selbstbetrachtungen* IV, 48.2

33 »quicquid facies, respice ad mortem« – »Was immer du tust, bedenke den Tod!«, in: Seneca: *Briefe an Lucilius über Ethik,* 114, 27 (*Epistula Morales ad Lucilium,* zitiert nach der Übersetzung von Manfred Rosenbach, Darmstadt 1984)

34 Platon: *Phaidon* 81a, für einen Überblick siehe Taureck, Bernhard H. F. (2004): *Philosophieren: Sterben lernen?,* Frankfurt

35 Platon: *Die Apologie des Sokrates.* Sokrates ging allerdings davon aus, eine unsterbliche Seele zu besitzen, die nach dem Tod weiterexistiert. Vielleicht hatte er auch deshalb keine Angst vor dem Tod und trank nach seiner Verurteilung zum Tod den giftigen Schierlingsbecher, ohne mit der Wimper zu zucken.

36 Montaigne, Michel de: *Essais,* 1. Buch, XIX Hauptstück (übersetzt von Friedrich Lankischens Erben)

Ausblick
(in die Dunkelheit)

1 Tim Minchin (2013): 9 Life Lessons, The University of Western Australia, https://web.uwa.edu.au/?a=2386333, https://www.youtube.com/watch?v=yoEezZD71sc (ab Min 10:50)

2 Nirvana (1993): *Dumb,* aus dem Album *In Utero*

3 Gramsci, Antonio (1929–1935): *Gefängnishefte* (herausgegeben von Klaus Bochmann und Wolfgang Fritz Haug, Hamburg 2012), H. 28, § 11, 2232

4 Gramsci schrieb 1932: »Optimism and pessimism. It should be noted that very often optimism is nothing more than a defense of one's laziness, one's irresponsibility, the will to do nothing. It is also a form of fatalism and mechanicism. […] The only justifiable enthusiasm is that which accompanies the intelligent will, intelligent activity, the inventive richness of concrete initiatives which change existing reality.« Buch 9, §130

5 Cabanas, Edgar und Illouz, Eva (2019): *Das Glücksdiktat und wie es unser Leben beherrscht,* Frankfurt am Main, S. 206, siehe auch

Eagleton, Terry (2016): *Hoffnungsvoll, aber nicht optimistisch*, Berlin

6 Goldt, Max (2006): *Vom Zauber des seitlich dran Vorbeigehens*, Reinbek, S. 33 f.